A VIDA SONORA DAS MARCAS

Zanna

SOUND BRANDING
A VIDA
SONORA DAS
MARCAS

© 2015 - Zanna
Direitos em língua portuguesa para o Brasil:
Matrix Editora
www.matrixeditora.com.br

Capa, projeto gráfico e diagramação
Ana Paula Leone

Revisão
Adriana Wrege
Maria A. Medeiros

Fotos
Página 42: katatonia82/Shutterstock.com
Demais fotos: Shutterstock

CIP-BRASIL - CATALOGAÇÃO NA FONTE
SINDICATO NACIONAL DOS EDITORES DE LIVROS, RJ

Zanna
Sound Branding: a vida sonora das marcas / Zanna. - 1. ed. - São Paulo: Matrix, 2015.
112 p.; 21 cm.

ISBN 978-85-8230-213-2

1. Marca de produtos. 2. Marca de produtos - Marketing. I. Título.

15-26188	CDD: 658.827
	CDU: 658.626

AGRADEÇO

Monica Tarantino, minha parceira nesta jornada, obrigada por dividir o seu mundo comigo, por me acompanhar e me ensinar coisas que vou levar para o resto da vida.

Jaime Troiano, uma espécie de irmão mais velho generoso, que se preocupa, apoia, admira e dá seus pitos na hora certa. Seu jeito nada vaidoso me ensina muito!

Obrigada, **mãe**, dona Ivone Bruno, por ter me dado vida, por ser essa mulher forte que você é e por ter esse bom humor que herdei. Sem ele a vida seria muito chata. Te amo!

Gi, Giselia Borges, obrigada por me ajudar a estar cada vez mais perto de mim mesma.

Marcia Pumar, minha amiga de infância, minha irmã, obrigada pelo apoio, ouvidos, fé, trabalho, força da vida toda.

Zezé, minha amiga, meu refúgio, minha bola de cristal, meu talismã, ímã, irmã, brincando com Djavan, eu te agradeço pela amizade e intuição.

Estevão, Giovanni, Raquel, Bentho, Kail, Leonardo, David, Henrico, o meu amor de tia, madrinha e amiga vai estar aqui sempre pra vocês!

Meri, minha irmã, Dani, Verena, Bella, Rico, Vini, Fernando, Alexandra, Flávia Barbieri, Thiago, Kadu, Verônica Leite, Michella Cantini, Roberta Galeazzi, Rud, Carla Vollmer, Math, meus irmãos, Tati Botafogo, Sérgio Valentim, meus parceiros, obrigada pelo carinho e por compreenderem meus sumiços para poder escrever!

Flávia, seja muito bem-vinda!

Galera da Audio Branding Academy, ABA, obrigada pelos braços abertos pelo mundo!

Obrigada aos músicos talentosos que dão forma a todas essas canções e sons! **Carlão**, da Visom, Amaury Machado, meus gurus da técnica. Obrigada!

Aos meus clientes queridos, parceiros, visionários, que embarcam nas loucuras sãs que eu invento. Obrigada pelos lindos resultados expressos no mundo, que transformam os pequenos e grandes momentos da vida de muita gente. Obrigada pela confiança, pela força criativa, por bancarem as mudanças de paradigma comigo!

Obrigada, Terra! Você segura a onda da nossa maluquice e mesmo assim continua todos os dias nos dando o exemplo. Sempre generosamente me inspirando em forma de sons que eu escuto, de texturas, imagens que eu vejo, em cheiros que eu sinto, de vidas que eu toco, sabores que eu provo...

Você nos faz maiores do que nós somos! Obrigada!

SUMÁRIO

PREFÁCIO 8

A DESCOBERTA
DO SOUND BRANDING 19

1› MÉTODO
INTELIGENTE 31

2› O DNA SONORO
DAS MARCAS 43

3› SOUND BRANDING
À BRASILEIRA 57

■ 4› IMPACTO PROFUNDO 83

❚❚ 5› QUATORZE BONS CONSELHOS 91

▶▶ 6› NOSSO FUTURO SONORO 99

PREFÁCIO
por Jaime Troiano

Há algum tempo, a Zanna e eu escrevemos um artigo que começava assim: "Nós somos verdadeiros hospedeiros das marcas. A sua existência é o conjunto, às vezes mais, às vezes menos organizado, de percepções e sentimentos que internalizamos.

A TUA PRESENÇA
ENTRA PELOS SETE
BURACOS DA MINHA CABEÇA
A TUA PRESENÇA
PELOS OLHOS, BOCA, NARINAS
E ORELHAS
A TUA PRESENÇA

[Caetano Veloso]

É assim que elas entram em nós e em nossas vidas. O quanto elas permanecem ou não é outra história. Em geral, a maior parte delas se hospeda por muito pouco tempo e se dissipa. Delas, fica muito pouco. Uma lembrança difusa, quando muito".

Esse é o grande desafio das organizações quando gerenciam suas marcas. Estas, assim como podem entrar pelos sete buracos de nossa cabeça, podem sair de nossa consciência tão depressa quanto entraram.

O grande desafio continua sendo: entrar, significar e ficar! Trata-se da luta do tudo contra o nada. Da capacidade de implantar sentimentos e percepções relevantes *versus* esforços estéreis e dispersivos que se perdem e não sedimentam valor nenhum. O mundo está cheio de iniciativas precipitadas e inconsequentes de ingênuas iniciativas de Branding. Administração de marcas ou Branding, na sua forma plena e profissional, deixou de ser um compromisso passageiro, um movimento modal, apenas uma preocupação cosmética de designers e profissionais de comunicação. Não é também uma elaboração intelectual e filosófica sem compromisso com o *bottom line*. Branding tem se transformado rapidamente em um instrumento de gestão nas empresas.

Estudo que realizamos algumas vezes mostra como os próprios CEOs estão ansiosos por ver esse instrumento e suas manifestações aplicadas no dia a dia da organização.

Visto que o valor das marcas representa uma fração substancial do valor da empresa como um todo ou da sua capitalização de mercado, não há mais justificativas para que elas façam parte apenas do *job description* dos profissionais de marketing. Depois de algumas décadas observando como isso acontece, não temos mais dúvidas: ficam as marcas que, além de um conceito relevante, sabem como penetrar bem pelos "sete buracos da minha cabeça", ou pelo menos por alguns deles.

Autores como Martin Lindstrom não deixam dúvida a respeito. O gerenciamento dos *inputs* sensoriais precisa ser integrado a todos os demais estímulos que tocam o corpo, os sentimentos e a alma das pessoas.

Convenhamos, estamos sendo preguiçosos ou displicentes no uso de todos os recursos que poderiam entrar pelos sete buracos da cabeça. Que não sejam os sete, que tal dar o devido valor a alguns deles, pelo menos?

A primeira e inesquecível lembrança da casa de minha tia em Poços de Caldas é o delicioso aroma de imbuia que exalava de alguns móveis da sala. A outra lembrança, ainda mais poderosa, era o som de uma concha de alumínio que, ao retirar o leite de um grande latão, emitia o som da concha batendo nesse mesmo latão. Eu saía para comprar leite muitas manhãs. É o som que sempre me lembra de meus sonhos e alegrias matinais. É a representação mais forte de um feliz período da minha infância, que eu transportei para outros momentos de minha vida. Esse som, ou outros muito próximos, entraram em minha vida e vão ficar para sempre.

A Zanna e seu livro não falam de leite nem de Poços de Caldas, muito menos da minha infância. Mas falam da capacidade mágica do som como o da concha no latão, que entrou, adquiriu um significado e não saiu mais.

Nós, adultos, não fomos treinados nessa maravilhosa habilidade infantil de brincar com os sentidos. Ao contrário, fomos pouco a pouco nos aperfeiçoando nas ferramentas que se operam com o hemisfério esquerdo do cérebro. Fomos nos esquecendo do poder de retenção que tiveram alguns registros sensoriais em nossas vidas.

A memória tem registros sonoros inconfundíveis. E pode ter cheiro também, bom ou ruim. "Oh, abre os vidros de loção e abafa o insuportável mau cheiro da memória", dizia Carlos Drummond de Andrade no poema "Resíduo".

Está mais do que na hora de resgatar esses fantásticos recursos no planejamento de Branding. É hora de dar plenitude sensorial às marcas. E multiplicar seu poder de retenção e de fascínio. Tudo se passa como·se, até hoje, estivéssemos ainda operando com Branding na soleira da porta. O Brasil é um país sonoro por excelência. Somos identificados internacionalmente por um pequeno conjunto de manifestações culturais, do qual a música é a mais marcante. Quem já não teve a surpresa de ouvir nossa linda música em saguões de aeroporto, em salas de espera, em emissoras de rádio, em shows? Aliás, do que Gonçalves Dias mais sentia falta no seu exílio? Das palmeiras e do canto do sabiá.

E Cassiano Ricardo escreveu: "Nos fios tensos da pauta de metal, as andorinhas gritam por falta da clave de sol". Quantas e quantas marcas não esperam que alguém lhes empreste uma "clave de sol" para expressar mais plenamente sua identidade? Não sei dizer se todas as marcas serão capazes de usar uma "clave de sol". O que eu sei é que aquelas que têm usado criaram padrões de envolvimento muito mais intensos, um nível de reconhecimento e lembrança à flor da pele. Plim-Plim.
Este livro da Zanna nos ensina isso.

CONVIDO VOCÊ A OUVIR ESTE LIVRO.

A VIDA SONORA DAS MARCAS

MAS ANTES
FECHE OS OLHOS
E ESCUTE OS SONS
À SUA VOLTA.
PERCEBA COMO
ELES AFETAM VOCÊ.

O SOM

É UMA ONDA.

REVERBERA EM VOCÊ.

A VIDA SONORA DAS MARCAS

NÓS SOMOS SOM!

DESLIGUE AS MÁQUINAS, DESLIGUE-SE DE TUDO, SE LIGUE EM VOCÊ.

A VIDA SONORA DAS MARCAS

VENHA.

VAMOS OUVIR O MUNDO DE UM JEITO QUE VOCÊ NUNCA PAROU PARA OUVIR ANTES.

A DESCOBERTA DO SOUND BRANDING

Reparou que não há nada que segure o som? O olhar, podemos esquivar se não quisermos ver algo. Do som, é bem mais difícil desviar. A menos que você tape os ouvidos, ele será percebido e certamente causará reações. Uma delas pode ser tocar a sua memória. Alguns sons têm a capacidade de fazer recordar, em milionésimos de segundo, uma situação, uma pessoa, um produto ou marca, um filme, uma mensagem. Por exemplo, as sirenes das ambulâncias, dos bombeiros e da polícia. Os trens apitam para avisar que estão chegando ou partindo, sinais sonoros indicam o início e o término dos turnos em fábricas, o terceiro toque alerta a plateia do teatro que o espetáculo irá começar. Em áreas de conflito, alarmes sonoros informam a hora de se proteger. A compreensão desses toques sonoros é imediata.

No começo do século XX, esse grande poder do som de evocar emoções e lembranças se somou ao poder das marcas. O primeiro fruto desse encontro foram os jingles, compostos por slogans simples, com refrões e rimas fáceis de lembrar, acondicionados em melodias destinadas a cativar o gosto popular. Contam os historiadores da publicidade que o primeiro produto a ter um jingle veiculado no rádio foi o cereal matinal Wheaties, da General Mills, companhia líder mundial em alimentos que possui algumas das marcas mais reconhecidas do mundo. No Natal de 1926, os ouvintes da rede NBC, nos Estados Unidos, foram seduzidos por frases ligeiras cantadas pelas vozes masculinas do "The Wheaties Quartet". Eles perguntavam aos ouvintes se nunca haviam experimentado o Wheaties e reforçavam quanto o cereal agradaria ao paladar. No Brasil, o jingle pioneiro foi ao ar em 1932 pela Rádio Philips. O agente da inovação foi o locutor e produtor Ademar Casé, que convenceu o dono da Padaria Bragança, no Rio de Janeiro, a anunciar em seu programa. O resultado foi tão bom que levou os donos da padaria a fecharem contrato de um ano.

Muitos jingles memoráveis vieram depois. Acredito que você consiga cantarolar frases de três ou quatro produtos ou serviços que marcaram sua infância sem precisar fazer muito esforço.

O casamento entre os sons e as marcas ganhou fôlego e deu origem a novos formatos, como os logos sonoros – assinaturas auditivas de peças publicitárias adotadas por algumas marcas. Essa relação se tornou ainda mais sólida com a disseminação dos computadores, celulares e tablets.

O nome dado à categoria que cria a linguagem sonora das marcas é Sound Branding. Assim chamamos no Brasil. Pelo mundo, pode receber outras denominações, tais como Audio Branding, Sonic Branding, Acoustic Branding, Corporate Sound e Sonic Mnemonics. Independentemente do nome, ele abrange todas as formas de sonorização de uma marca ou produto. É um recurso potente, capaz de prender a atenção das pessoas em um mundo repleto de apelos audiovisuais.

Em resumo, o Sound Branding é uma categoria ampla destinada a traduzir em sons as características que diferenciam a marca. Ele gera a identidade sonora que poderá ser aplicada em diversas plataformas e pontos de contato com os públicos, da espera telefônica aos filmes publicitários e spots de rádio, dos eventos às lojas, do celular ao site. Dessa forma, onde as pessoas estiverem, poderão reconhecer a marca apenas pelo sentido da audição. É como se ela ganhasse maior projeção e passasse a ser percebida em 3D.

Nós, os profissionais de Branding, temos conversado muito sobre os significados que as marcas estão comunicando ao mundo. Analisando os sons que muitas delas veiculam, fica nítido que a maioria ainda recorre à música apenas para criar melodias que não saiam da cabeça das pessoas, valorizando uma espécie de efeito "chiclete" com o objetivo único de vender a curto prazo.

Quando o público percebe essa intenção imediatista, qualquer possível vínculo se desfaz. É o oposto do que deseja o Branding, cuja busca é fortalecer a relação das marcas com as pessoas. Em tal contexto, a música é entendida como uma ferramenta poderosa para facilitar essa aproximação.

Neste livro, discuto de que modo a associação entre o Branding e o som pode ser usada para criar maior intimidade entre as marcas e as pessoas e de que modo isso pode afetar seus resultados. Ao longo do texto, vamos falar da importância do som na construção da marca, o impacto nos públicos, o papel que ele ocupa nas nossas vidas, como interfere no bem-estar, no comportamento, na cognição e na saúde geral.

Vou mostrar um panorama da construção do Sound Branding no Brasil e os melhores cases mundiais e tendências. Consolidei ainda uma compilação das 14 melhores práticas para desenvolver e criar o Sound Branding de uma marca e, por fim, vou falar de Sound Branding pessoal. Se entendemos que cada pessoa é uma marca, com o seu som, seu discurso, seus hábitos, você pode então se beneficiar do som na construção da sua imagem pessoal, algo que promete ser bem divertido.

Na luta por um lugar ao sol, só sobreviverão as marcas e pessoas que souberem entrar para o mundo das nossas crenças e se hospedarem em nossos corações.

A DESCOBERTA DO SOUND BRANDING > A VIDA SONORA DAS MARCAS

MINHA PARTICIPAÇÃO NESSA HISTÓRIA

Particularmente, gosto de saber a quem estou confiando o meu tempo. Tempo, sabemos, é um bem precioso. Por isso vou me apresentar. Minha aproximação com o Sound Branding começou pela música. Sou uma carioca formada em canto lírico e que desde cedo toca violão e compõe. Numa evolução quase natural, tive uma banda e comecei a fazer shows. Morei dez anos na Europa, obtive cidadania, gravei dois discos em que compus, cantei e arranjei com a banda Bossa Nostra (*Voyage to Brazilia e Karmalions*). Foi um período de grande reconhecimento. Uma das nossas faixas, "Jackie", virou hit no mundo do *acid jazz* e foi editada em várias compilações internacionais. "Inverno", um dos temas que compus, rendeu algumas versões e participação em compilações. Nessa época, tivemos a honra de tocar na mesma noite do show do pianista e compositor norte-americano Herbie Hancock, um mestre do jazz, no Montreux Jazz Festival, na Suíça.

A carreira ia muito bem, obrigada. Mas, apesar da sedução da indústria da música e da mídia, eu não era mais ingênua. Sabia que para continuar sendo artista nesse contexto teria que me adequar aos seus objetivos estéticos e de mercado. Em vez disso, queria estar ao lado de quem faz as escolhas estratégicas. Pensava, como ainda penso, que a música é um veículo com o poder de tocar as pessoas e transformar o mundo de um modo mais perene e profundo. Nessa fase, eu me perguntava se conseguiria encontrar meios para tornar realidade essa minha percepção. Em algum momento, entendi que chegara a hora de estudar mais sobre o papel do som na vida das pessoas. Era necessário deixar a Itália, um país generoso que me ensinou a deixar de lado aquela mania de achar que tudo que é estrangeiro é melhor, o tal complexo de inferioridade dos trópicos.

Minha próxima parada foi na Big Apple. Morei em Nova York, nos Estados Unidos, por cinco anos, com os devidos intervalos para visitas ao Rio de Janeiro. Passei a atuar como produtora musical e posso garantir que foi uma escola e tanto. Nos Estados Unidos, eu me deparei com diferenças culturais profundas que serviriam, profissionalmente, como uma forte referência. A televisão norte-americana, por exemplo, soava ensurdecedora nos intervalos comerciais. Partindo do pressuposto de que podemos associar uma marca a uma pessoa, era evidente que aquilo dispersava a atenção. Era exatamente isso que as marcas faziam o tempo todo lá: gritavam. Uma querendo chamar mais a atenção do que as outras. No grito!

Todo aquele investimento em mídia se mostrava, a meu ver, subaproveitado. As trilhas sonoras, em sua maioria, soavam como música de fundo. Trilha branca, como se diz na publicidade. Um som que acompanha uma locução pouco clara ou exagerada. Os comerciais se sucediam, e eu me perguntava o que realmente ficava na memória das pessoas. Era algo desagradável, incômodo e invasivo.

Eu tinha mais perguntas do que respostas. Por que a música para uma marca precisava ser subproduto ou soar como um daqueles comerciais de televisão, sem arranjo, sem músicos, sem timbres, sem música? Vi claramente que estava diante de uma grande oportunidade. A indústria da comunicação, sempre corrida e sem tempo, estava se repetindo e fazendo mais do mesmo. Precisava urgentemente de alma, de emoção, de verdade, de música bem-feita. Afinal, as marcas tinham e têm alcance de massa. Dessa forma, encontrei um nicho especial no qual poderia atuar de forma pertinente, de acordo com as minhas crenças.

Ainda em Nova York, comecei a estudar Branding e desenvolvi um método próprio de construção de identidade sonora. Conversando com amigos locais, escolhi um nome – Sound Branding. Eu não tinha nenhuma pretensão de reinventar a roda, mas estava segura de que se tratava de algo inovador. Até então, não ouvira falar de nenhuma empresa que oferecesse esse tipo de serviço. Minha primeira tarefa seria falar sobre o assunto ao maior número de empresários, acadêmicos e pessoas da área que pudesse alcançar.

Na Big Apple, todos se mantêm bastante abertos a novas propostas, e por isso é muito comum ser bem recebido nas empresas. Apesar dessa dispo-

VOCÊ CONSEGUE MANTER A SUA ATENÇÃO EM UMA PESSOA QUE NÃO PARA DE GRITAR?

nibilidade inicial e de o país ser o maior marqueteiro do planeta, minhas apresentações causavam perplexidade. A legenda para expressões de espanto nos rostos podia ser, quase sempre: "Do que essa mulher está falando?". Insisti durante dois anos. Mas foi no Brasil que tudo se abriu. Por volta de 2006, encontrei os primeiros visionários que apostaram no Sound Branding e começamos a desenvolver projetos interessantes. Um deles foi para a rádio MPB FM, do Rio, aonde cheguei por intermédio do amigo e grande incentivador Luiz Nogueira. Ele era diretor de criação da agência de publicidade McCann Erickson, também no Rio. Daí por diante, comecei uma peregrinação por agências, clientes, eventos do meio e faculdades. Onde houvesse um microfone e uma audiência minimamente disposta a ouvir, eu ia falar. Escrevi muitos artigos, notas, posts e dei muitas entrevistas para a mídia do segmento, como os jornais *Meio & Mensagem* e *Propmark*.

Depois desse esforço, no final de 2007, fechei meu primeiro grande cliente. Em rede nacional, lançamos um projeto pioneiro de Sound Branding criado para o Banco do Brasil (mais sobre o case no Capítulo 3). O escopo era criar a identidade sonora do seu segundo centenário, que aconteceria durante todo o ano de 2008. Era uma grande responsabilidade traduzir em som a experiência de um banco que acompanhou e ajudou o desenvolvimento do país. Uma marca que leva Brasil no nome, algo sugestivo e emocionante para mim.

O reconhecimento do mercado mais amplificado estava chegando. Em 2011, fui convidada para ser a primeira jurada brasileira da indústria do som na categoria rádio no Cannes Lions Festival. O convite foi feito pelo jornal *O Estado de S. Paulo*, representante oficial do evento no Brasil. No ano seguinte, minha empresa foi escolhida para ser a primeira a apresentar o tema nesse que é o maior festival de criatividade do mundo. Para repartir essa importante introdução aos conceitos do Sound Branding, convidei o austríaco Walter Werzowa, criador do logo sonoro da Intel, marca pioneira no mundo a ser reconhecida por seu som.

Em novembro de 2013, para recompensar os anos de investimento em Sound Branding na América Latina, minha equipe e eu conquistamos o prêmio de melhor case com a estratégia criada para o MetrôRio. O prêmio foi concedido pelo júri popular durante o congresso da Audio Branding Academy (ABA), realizado em Moscou, Rússia. Fundada em 2009, a ABA organiza congressos todos os anos. Em 2010, na Alemanha, apresentei o case da Unimed Rio. Em 2011, nos Estados Unidos, mostrei o case da Sabesp. Agora, você está aqui lendo "A Vida Sonora das Marcas", mais uma conquista por tanto tempo desejada. O tempo foi cavando espaço para dar forma a esta compilação de experiências, inovações e sonhos realizados. A cada ano, a cada projeto, a cada desafio, tenho mais certeza de que esse era o caminho.

Construir uma categoria de comunicação exige esforço constante. Hoje, o caminho está aberto, as marcas entendem a relevância do tema e o mercado brasileiro está pronto para ter o seu repertório de experiências inesquecíveis.

Você pode estar pensando que não há nenhuma novidade em usar a música na comunicação das marcas. De fato, há décadas os jingles estão aí para comprovar. Mas existem aspectos conceituais e práticos na abordagem feita pelo Sound Branding que diferenciam o emprego do som e impactam totalmente nos resultados da marca.

Primeiro, cada nota musical no Sound Branding está a serviço da marca e não de um produto. Por isso, o Sound Branding tem vida longa. Ele acompanha a vida da marca.

Segundo, o som será aplicado em todos os pontos de contato da marca com seus públicos e não somente no rádio, televisão ou internet.

Terceiro, para alcançar seu propósito, o tema musical de uma marca segue critérios de elevada qualidade para ser composto, arranjado, gravado, produzido e finalizado. Afinal, irá se somar ao DNA da marca e passará a fazer parte dele. Esse resultado só é alcançado se forem respondidas, com sinceridade, inúmeras questões estratégicas sobre a marca para que se possa trabalhar na criação de um Sound Branding para ela. Você percebe a diferença?

O SOM PODE CRIAR INTIMIDADE ENTRE AS MARCAS E AS PESSOAS.

A DESCOBERTA DO SOUND BRANDING > A VIDA SONORA DAS MARCAS

Assim como os especialistas em Branding visual escolhem a sua palheta de cores, letras, formas, logotipo, fotografia e casting, os profissionais do Sound Branding recorrem às texturas, timbres, instrumentos, estilos musicais, logo sonoro, voz, jeito de falar e toques para definir a personalidade sonora de uma marca. Cria-se, assim, um vocabulário sonoro personalizado para traduzir o DNA da marca em sons a serem difundidos e prontamente reconhecidos em todos os territórios nos quais a marca se expressa.

O método usado pelo Sound Branding recorre a diversas técnicas também aplicadas pelos especialistas em Branding. Nesse caso, com foco no som. Nós fazemos diagnósticos e entrevistas, levantamos dados, pesquisamos, realizamos dinâmicas de grupo, definimos as características da marca e as diretrizes para a criação do Sound Branding.◆

1›
MÉTODO
INTELIGENTE

O Sound Branding nasceu para atender a uma necessidade latente do mercado que não era percebida pela maioria. Não há nenhuma novidade em utilizar a música na comunicação e no entretenimento com o fim de ganhar a atenção dos públicos. Porém, a criação musical, na maioria dos casos, era feita empiricamente e baseada em necessidades momentâneas, como a de lançar um produto. A novidade do Sound Branding é que toda a criação é feita sob medida para a marca, considerando todos os seus pontos de contato com seus públicos.

Tampouco se trata de criar um toque sonoro para assinar os filmes publicitários. O Sound Branding é uma ferramenta complexa, que dispõe de um vasto vocabulário sonoro para servir a um único objetivo: traduzir em sons o DNA da marca, que será expresso em todos os territórios nos quais ela se comunica.

Seu método não propõe a redescoberta do fogo, ele segue a estrutura investigativa do Branding, que faz diagnósticos, levanta dados, faz entrevistas, pesquisas, dinâmicas de grupo, define características próprias e desenvolve diretrizes claras para a criação. No entanto, todo o trabalho é voltado para a construção sonora, e não visual.

O Branding ainda é uma categoria que vem ganhando o respeito do mercado como uma ferramenta imprescindível para a construção sadia e certeira das marcas. Imagine o Sound Branding – estamos falando de inovação garantida por pelo menos mais duas décadas.

A construção do meu método de desenvolvimento do Sound Branding teve a inspiração em alguns pensadores que inauguraram a categoria de Branding no mundo e, por isso, merecem meu respeito. São eles: Kevin Keller, autor de *Strategic Brand Management* e professor de marketing na Tuck School of Business da Faculdade de Dartmouth, Estados Unidos; David Aaker, professor americano de marketing da Haas School of Business da Universidade da Califórnia, em Berkeley; e, por fim, o meu querido amigo Jaime Troiano, precursor do Branding no Brasil, autor do livro *As marcas no divã* e presidente da TroianoBranding.

O objetivo do Sound Branding é fazer com que as marcas sejam reconhecidas pela sua música, seu logo sonoro, sua voz e seu jeito de falar – reconhecidas pelo seu som. Para chegar a esse saldo, é preciso aproximar as pessoas da marca por meio de boas experiências auditivas. Tudo começa pelo estudo dos seus atributos de personalidade, seu propósito, público e experiências relacionadas a ela. É o que chamamos de Territórios de Marca. Por isso é essencial entender bem o que cada um desses itens representa.

As marcas precisam descobrir a razão da sua existência, definir e comunicar o seu PROPÓSITO. Hoje, cada vez mais o processo de compra se torna um ato de engajamento. Os públicos querem estar alinhados a causas que façam sentido para eles. Marcas que se restringem aos benefícios dos seus produtos e serviços estão ficando para trás. A comunicação precisa, portanto, transpor os limites do óbvio.

MARCAS SÃO COMO PESSOAS: TÊM PERSONALIDADE, ATITUDE E HISTÓRIAS PRA CONTAR.

O propósito se expressa na PERSONALIDADE da marca. Humanos querem se relacionar. Ou melhor, a maioria quer. Para a marca estabelecer vínculo afetivo com seus públicos, precisa se pensar como se fosse alguém com suas características próprias, estilo, escolhas e seu jeito de ser. Assim, outros podem se relacionar com ela.

Nada disso faria sentido se não fosse a existência dos outros. O que pensam, o que desejam, o que sentem os seus PÚBLICOS? Olhá-los é a única forma de criar empatia com eles e assim oferecer o que realmente querem e precisam. Os públicos se identificam com a personalidade da marca.

Se a marca souber a razão da sua existência (propósito), se entender seu jeito (personalidade) e tiver certeza de com quem deseja falar (públicos), está pronta para proporcionar boas EXPERIÊNCIAS. Como? Criando momentos para deixar os sentidos felizes, despertar emoções e legar belas memórias. Os resultados seguramente virão.

Nessa etapa de investigação é relevante conhecer a história da marca, da sua comunicação, seus resultados e entrevistar colaboradores estratégicos a fim de entender para onde a marca está caminhando.

Uma vez que as informações pareçam suficientes à equipe de Sound Branding, é o momento de trabalhar os dados em dinâmicas de grupo com os executivos de marketing e parceiros de comunicação. Alguns cuidados, porém, precisam ser tomados para garantir que o processo seja agregador. O primeiro deles é ter certeza de que todos participem das decisões. Por isso, o grupo de trabalho precisa ter representantes das diversas áreas da empresa e assegurar sua participação. Além disso, é imprescindível que o processo seja ágil. Os encontros devem ser sucintos, ter agendas claras e entregar sempre decisões para as próximas etapas. Para garantir essa velocidade, é fundamental o comprometimento dos CEOs das empresas. Tem-se o envolvimento da equipe e um processo de aprovação certeiro.

Nessas dinâmicas de grupo, são estudados conceitos de música, discutidos os territórios sonoros da marca e desenhadas as diretrizes que irão nortear a composição do manifesto (música que dura em média três minutos e traduz em sons, ritmos, instrumentos, clima e timbres os valores e crenças da marca). Trata-se de uma matriz destinada a inspirar o conjunto das trilhas produzidas posteriormente. Pode ser aplicada na sua versão original ou rearranjada nas campanhas publicitárias, lojas, celulares. Enfim, em todos os pontos de contato da comunicação.

Desse manifesto é extraído o logo sonoro, uma síntese constituída pela sua célula melódica mais marcante. Com duração de cerca de três segundos, é o representante sonoro do logotipo da marca e assina toda a sua comunicação. Pode estar presente nos filmes e spots publicitários, nos celulares, no site, na chamada em espera e em todos os pontos de contato possíveis.

Há outros elementos sonoros importantes que compõem o grupo de expressões sonoras da marca orquestradas pelo Sound Branding. A voz é um elemento crucial, pois humaniza a percepção da marca. Há marcas que são reconhecidas apenas pelo seu porta-voz.

O jeito de falar e o discurso formam o que chamamos de Tom Verbal, que é igualmente fundamental, pois de nada adianta colocar um belo timbre de voz se o discurso é frágil. E há os sons incidentais (mais conhecidos como Sound Design), que podem ser reunidos em uma espécie de banco exclusivo da marca. A utilização desses sons característicos que acabam identificando o produto é bastante comum no mundo dos computadores e dos celulares. Bons exemplos são os sons criados pela Apple para envio de e-mails do iPhone e o ringtone que soa quando arquivos são jogados no lixo do computador MacBook Pro.

O Sound Branding também pode abrigar, no seu grande guarda-chuva, seleções de músicas e artistas que tenham afinidade com a marca. Elas são chamadas de Music Branding, área que se ocupa de definir o raio de abrangência dos estilos musicais afinados com a personalidade da marca. É muito comum as pessoas ainda confundirem Sound Branding com Music Branding. Mas, para deixar claro, o Music Branding se ocupa da música tocada nos pontos de venda, nas lojas e espaços físicos. É mais uma ferramenta entre as possibilidades do Sound Branding.

Um ótimo case de Music Branding é o do Hôtel Costes, em Paris, na França. A empresa lançou CDs organizados pelo DJ, músico e produtor musical francês Stéphane Pompougnac. Quando jovem, ele havia trabalhado no hotel como garçom. Já famoso, Pompougnac associou-se ao proprietário do Costes para criar remixes que traduzissem o clima parisiense e suas variações conforme os horários do dia, com a finalidade de serem ouvidos no hotel e reunidos em CD. O sucesso da coletânea – os três primeiros CDs venderam quase meio milhão de cópias – reforçou internacionalmente o apelo sofisticado do hotel.

Ao fim do processo de geração dos sons da marca, é possível formatar o Sound Branding Book, um manual de uso do som da marca. Esse guia auxilia a área de marcas da empresa a explicar e ensinar as outras áreas a usufruir os recursos do seu Sound Branding.

Por fim, é importante ter o cuidado de impedir que todo esse esforço seja feito em vão. De que adianta um belo estudo e sons incríveis se ninguém ficar sabendo? A ideia precisa se espalhar.

Aviso que isso começa dentro de casa: os colaboradores, antes de qualquer público, precisam comprar a ideia, como fãs, e disseminar o novo som da marca. Mais do que isso, espera-se que atuem como disseminadores do novo som da marca.

O movimento de difusão precisa ser especialmente intenso nos pontos de contato com os públicos. Todos eles precisam ativar o seu novo sentido, o Sound Branding. É por isso que se deve incluir no planejamento treinamentos de voz para vendedores, agentes de comunicação, seguranças, promotores, assessoria de imprensa, executivos, CEOs. Todos que falam pela marca devem conhecer as características da sua comunicação, como ela se expressa, qual é seu discurso e cuidar para que até o tom de voz esteja afinado com as novas premissas.

Estudo feito, som criado, pontos de contato ativados, pessoas falando em harmonia com o conceito. Ufa, trabalho de meses em ritmo de estreia. Mas ainda resta saber se as mudanças implementadas deram bons re-

A MARCA É COMO UM ORGANISMO VIVO COMPOSTO POR UM GRUPO ÚNICO DE PESSOAS.

sultados. Afinal, toda essa estratégia e investimentos foram feitos com a intenção de impactar de maneira relevante os resultados da empresa. Com isso em mente, deve-se planejar a coleta de dados para medir o impacto do Sound Branding na imagem da marca e em resultados nas vendas.

Estou convencida de que o universo do Sound Branding inaugura um mundo de melhores oportunidades. Marca mais amada é mais lembrada e mais consumida.

Também sei que a criação do Sound Branding requer muita dedicação, envolvimento, criatividade e sensibilidade para identificar as características da marca. Elas são tão singulares que podem ser comparadas a uma impressão digital: única e intransferível. O método apenas revela isso e coloca à disposição suas ferramentas de encantamento para os públicos. O que faz a diferença é o engajamento da equipe e o comprometimento da empresa na consistência e coerência na aplicação do Sound Branding ao longo do tempo.

Já que estamos falando que as marcas são como as pessoas, proponho um exercício. Que tal pensar no modo como você está comunicando a sua marca pessoal? Pensando nisso, sugiro cinco atitudes para ajustar o seu Branding pessoal e chegar com mais eficiência aos seus públicos.

CINCO DICAS DE BRANDING PESSOAL

Estamos na era em que todo mundo virou marca. Seu nome é sua marca, e tudo o que você faz, assim como as marcas, pode construir uma imagem atraente e tornar você um colecionador emergente de *likes*. Ou depor contra.

Como você sabe, a sentença virá na velocidade da luz. Afinal, tudo se espalha rapidamente pelas redes sociais, blogs, chats, grupos do WhatsApp, mídias, sites de encontro – e nos meios virtuais tudo se eterniza. Uma vez registrada a informação, ela nunca mais é apagada. A menos que o tal cometa das lendas urbanas passe muito próximo da Terra e apague todos os dados, seu conteúdo ficará para sempre associado ao seu perfil.

Esse argumento é suficiente para você começar a selecionar os conteúdos com os quais se associa? E a reverberação das informações não termina na rede. Elas podem reverberar na vida real e virar tema de comentários na roda de amigos, nos encontros de família e no trabalho. Assim como as marcas, em todos os seus pontos de contato com os seus públicos você está comunicando o tempo todo, e sem saber exatamente o impacto que pode estar produzindo na sua plateia.

Aqui vão cinco dicas fundamentais de Branding pessoal para você trazer a audiência desejada em cinco dias. Só paga mediante resultado.

1. NOME – para começar, uma marca que se preza tem que ter apenas um nome. Aliás, se você tiver um nome duplo, escolha um antes que os outros o façam.

Sua marca pode ser seu apelido, mas a partir daí ele ganha status de nome. Escolha nome e sobrenome e, se possível, recorra à numerologia para saber se a combinação de letras dá um número legal para você.

Você também deve manter o mesmo nome em todos os seus perfis. E a mesma foto. Se for trocá-la, o que não deve fazer com frequência, garanta que a nova imagem apareça em todos os seus perfis. Assim você será facilmente reconhecido e evita dispersão. É o que acontece com uma conhecida minha, que, no Facebook, se chama Elizabeth. No Instagram, se registrou como Biembemgutti e aparece no Twitter como BethB. Quem reconhece esse ser humano? Parece que são três pessoas diferentes.

2. DISCURSO – a maneira como você se expressa deve comunicar o seu propósito. Estou falando das coisas que encantam você, os seus ideais, aquilo para o que você nasceu. Seu discurso deve estar alinhado às suas crenças mais profundas e, ao longo do tempo, deve se manter consistentemente alinhado a elas. São suas âncoras e funcionam como inspiração para todas as suas escolhas.

3. Tom de voz – se você segue a linha sustentável, por exemplo, procure se expressar calmamente, pois quem fala rápido transmite ansiedade, e o planeta não quer estressar ninguém. Faça pausas na sua fala também, para que se estabeleça o diálogo. Monólogo não é legal! A boa é aprender a escutar.

4. Escolhas – as pessoas que você segue, as referências que curte, a música que escuta, os lugares e pessoas que frequenta, suas atividades esportivas ou não, lugares que resolve conhecer, tudo está falando sobre você e compondo sua personalidade. Expor momentos íntimos e notícias ruins não é adequado a um ambiente público como as redes sociais.

Não se deixe fotografar, proteja sua imagem, sua marca, seu nome. Mantenha sua vida íntima nos ambientes pertinentes e guarde notícias ruins sobre você para poucas pessoas. Divulgadas nas redes, elas se multiplicam. Publique, se relacione, troque, curta somente conteúdos que caibam em um contexto público e que estejam alinhados à imagem que você quer construir.

Mas, se seu business for baseado em partilhar seus momentos íntimos com outros, faça tudo ao contrário do que acabei de sugerir.

5. Jeito de se vestir – sua imagem é sua embalagem, seu embrulho, e deve compor o que você diz. Ela pode apoiar ou não o propósito da sua marca. Pode ser criativo pensar no seu corpo como sua mídia pessoal e começar a se manifestar por meio dela. O conceito da sua embalagem deve partir da sua essência. Assim, naturalmente, você vai sustentar seu nome, seu discurso, seu tom de voz, suas escolhas e seu jeito de vestir. ◇

QUER SER GENIAL?

SEJA VOCÊ MESMO. SEMPRE, SEM MODERAÇÃO!

2›
O DNA SONORO
DAS MARCAS

As marcas mais valiosas do planeta aprenderam que investir em Sound Branding é tão necessário como definir sua linguagem visual. É o que fazem a Intel, a Nokia, a Audi, a Coca-Cola, a Apple, Microsoft e muitas outras. Elas sabem que o som tem o poder de estimular sensações, acordar memórias e sentimentos e mudar nosso estado de espírito.

Quem primeiro percebeu e se aproveitou dessa capacidade foi o cinema. O encontro entre o áudio e o visual aconteceu no início do século XX, período em que a exibição dos filmes mudos era embalada por música tocada ao vivo. E não demorou para que as trilhas sonoras executadas pelos músicos ao lado da tela passassem a ser compostas sob medida para os filmes. Desse momento em diante, junto com os rolos de negativos vinham também partituras para grupos musicais e orquestras.

Uma das cenas mais citadas de toda a história do cinema está no filme *Psicose* (*Psycho*, 1960, de Alfred Hitchcock). Ela é marcada por uma trilha sonora também inesquecível. A música mostra do que é capaz, especialmente no momento em que o psicopata Norman Bates (Anthony Perkins) mata uma hóspede de seu hotel, Marion Crane (Janet Leigh), a facadas no chuveiro. Enquanto Norman golpeia Marion, os sons cortantes e repetitivos da trilha composta por Bernard Herrmann esfaqueiam os ouvidos do espectador. São 45 segundos da mais pura tensão. Na linguagem dos músicos, Herrmann utilizou um ostinato, uma nota ou frase musical que se repete persistentemente.

A intensidade desse momento, exaltada pela música de Herrmann, marcou para sempre a própria atriz Janet Leigh. Ela contou ao jornalista brasileiro Geneton Moraes, durante uma entrevista em 1995, que nunca mais conseguiu tomar banho de chuveiro em paz depois de ver e ouvir o assassinato que protagonizou na tela. A atriz disse ter percebido quanto essa circunstância pode deixar a pessoa vulnerável.

O filme *Tubarão* (*Jaws*, 1975, de Steven Spielberg) também soube fazer uso magistral do som. Nessa obra, a trilha sonora indica claramente que o tubarão está rondando a presa, ainda que ele não possa ser visto e não se saiba de onde virá o ataque. Aliás, alguém se lembra de tê-lo visto na primeira metade do filme? Não, ele não aparece, mas o som revela que está à espreita, assustador e fatal. Ouvidos mais treinados percebem que a descida do animal às profundezas do oceano é sublinhada por sons graves e que os sons agudos predominam quando ele se aproxima da superfície. Bem, há muitos outros exemplos de trilhas marcantes no cinema, como a dos filmes da série *Missão Impossível* e *Jornada nas Estrelas*...

A publicidade aprendeu a lição do cinema e incorporou o recurso fazendo com que marcas passassem a ser reconhecidas por meio dos seus jingles. Muitos deles são memoráveis e caíram no gosto popular. Mais de sessenta anos depois, especialistas em Sound Branding desenvolveram um método capaz de transformar os principais atributos das marcas em som, criando o que chamamos, em português, de identidade sonora.

Ao utilizarem o Sound Branding como ferramenta de comunicação e ambientação sonora dos espaços, as marcas estão ativando o poder cognitivo do som. Bastam poucas notas e menos de dois segundos para que uma marca seja reconhecida pelas pessoas. Além disso, estão gerando experiências e interferindo na cultura.

INTEL BONG

A primeira companhia a lançar mão do Sound Branding no setor de tecnologia da informação (TI) foi a Intel, fabricante de microprocessadores. Em 1991, antes do lançamento mundial da campanha Intel Inside, a companhia pediu ao meu colega Walter Werzowa, um austríaco que vive em Los Angeles, nos Estados Unidos, que criasse a sua assinatura sonora. Werzowa optou por usar apenas quatro notas – ré, sol, ré e lá –, tocadas por marimbas, sinos e xilofone, para representar as quatro sílabas do slogan, In-tel In-side.

A aplicação desse logo sonoro (conhecido como Intel Bong) em todos os spots e campanhas publicitárias da companhia ao redor do planeta, incluindo aqueles feitos em parceria com outras marcas, aumentou o reconhecimento da Intel de 24% para 94% em apenas três anos. Muito do reconhecimento alcançado pela marca se deve à aplicação consistente e regular do logo sonoro e à decisão estratégica de mantê-lo inalterado. Após 23 anos de veiculação, o Intel Bong foi ouvido em mais de 130 países.

A identificação do público com esse logo sonoro deu origem a uma inventiva campanha publicitária lançada pela companhia em 2009. A proposta de "Sponsors of Tomorrow" era mostrar o diferencial inovador presente na cultura organizacional da Intel e das pessoas que nela trabalham. Por isso, os filmes traziam situações relacionadas à tecnologia e aos seus colaboradores. Os slogans seguiram a mesma direção:

**Nossas grandes ideias não são como as suas,
nossos colaboradores não são como os seus.**

Um dos vídeos mais criativos dessa iniciativa foi feito com profissionais das instalações da Finlândia. Depois de se apresentar, um protagonista simpático faz soar o logo sonoro em um xilofone e avisa que ele e outros quatro colegas irão recriar o "Intel Bong" de maneira jamais vista. Os cinco ajustam os capacetes e só então o espectador percebe que eles estão uniformizados e serão lançados como homens-bala por um canhão na direção de um xilofone gigantesco. A sequência mostra o voo dos finlandeses e o choque dos capacetes contra as teclas de metal, reproduzindo as notas do logo sonoro. O som é seguido pela queda dos voluntários sobre colchões azuis e a farra da comemoração pelo sucesso alcançado. Após assistir ao vídeo, disponível no YouTube, não resta dúvida de que os profissionais da Intel são ousados, criativos e loucos pelo que fazem.

MICROSOFT OU APPLE?

Se o seu computador usa o sistema operacional Windows, toda vez que a tela se ilumina ou você desliga o equipamento, escuta o Microsoft Sound. É quase sempre um arpejo seguido de frases melódicas discretas tocadas por sintetizadores. É assim desde 1995, ano em que a companhia encomendou a sua assinatura sonora ao compositor inglês Brian Eno, um dos criadores da chamada música ambiente. Para a marca, o músico criou 84 vinhetas diferentes, mas que seguem um padrão – elas usam tonalidades compatíveis, timbres da mesma família e o estilo do seu criador. E até hoje são aplicadas em diferentes sistemas operacionais Windows.

Caso prefira os computadores Apple, saiba que o som que inaugura sua experiência ganhou forma em 1991, pelas mãos do engenheiro Jim Reekes. Ele foi feito em um estúdio caseiro com um teclado Korg. E há uma história curiosa acerca do nome desse logo sonoro que vale a pena contar. Quando esse som surgiu, a Apple Computer estava em meio a uma disputa judicial intensa com a Apple Corps (do grupo Beatles), e Reekes, funcionário da empresa de computadores, foi avisado pelos advogados da companhia de que deveria mudar o nome do *beep* recém-criado para os computadores da marca. Ele havia escolhido o nome *Let it beep*, fazendo um trocadilho obviamente provocativo com o título de um dos grandes sucessos dos Beatles, a canção "Let it be". "Eu estava brincando, mas alguém levou a sério e disse que eu não poderia ir longe com isso. Minha resposta foi 'So sue me' [em tradução livre, 'então me processe']", contou Reekes. Do som dessa frase derivou a palavra *Sosumi*, que dá nome ao beep dos Macs. Ela foi ditada letra por letra ao telefone aos advogados da Apple responsáveis pelo seu registro para que eles não se dessem conta de que era mais um trocadilho provocativo.

Mudar ou manter, eis a questão. A finalidade dos logos sonoros da Microsoft e da Apple é a mesma: orientar quando o sistema está ativo. A diferença está na estratégia adotada pelas marcas. A Microsoft optou por ter 84 versões de logos relacionados entre si, enquanto a Apple vem se mantendo fiel ao mesmo som há décadas. Do ponto de vista estético, um não supera os outros. Mas, para a construção de uma marca, é melhor manter ou trocar? As mudanças constantes do logo sonoro da Microsoft podem ser equiparadas às frequentes trocas do logotipo visual da Pepsi. Já a opção da Apple – manter as características do logo sonoro original e imprimir a ele algumas adaptações – seria similar ao procedimento adotado pela Coca-Cola. A empatia dessas duas marcas com os seus públicos e sua capacidade de serem lembradas e queridas mostra que essa parece ser a melhor estratégia.

A MAIS TOCADA

Em 1990, a Nokia lançou o primeiro ringtone desenvolvido para identificar sua linha de telefonia móvel. Extraído de uma composição romântica do espanhol Francisco Tárrega chamada "Gran Vals", o toque tinha 17 notas e duração de cinco segundos. Maior que um logo sonoro, o *ring* é uma vinheta com duração mais longa. Apesar das diferenças de formato e dos limites tecnológicos dos celulares da época (que reproduziam apenas sons estridentes e agudos), o "Nokia Tune" alcançou 1,8 bilhão de execuções diárias e se converteu no som mais tocado do planeta. Tudo isso produziu um impacto e ganhos muito grandes para a marca. Na opinião de Martin Lindstrom, guru do Branding, colunista da revista *Time* e autor de *"Brand Sense: The Multisensorial Brand"*, contribuiu muito para o excelente desempenho do "Nokia Tune" o fato de 40% dos consumidores de celulares considerarem o som mais importante que o design.

O case da Nokia também é importante por causa das suas reviravoltas. O ringtone não conseguiu escapar ileso do fato de ser o som mais tocado do mundo e de sua reprodução limitada. Um dos primeiros sinais de que começava a agregar uma experiência desagradável ao público foi a proliferação de remixes batizados de "Eu odeio o Nokia Tune" na extinta rede social Orkut.

MARCAS
NÃO SE JOGAM FORA!

O DNA SONORO DAS MARCAS ● A VIDA SONORA DAS MARCAS

Foi uma indicação clara de desgaste e de que fomentava uma atmosfera negativa para a marca.

ERROS SÃO GRANDES MESTRES PARA CONSTRUIR GRANDES SUCESSOS

Mediante o crescente desagrado com o seu toque sonoro e a necessidade de renovação, a Nokia trocou o seu timbre por sons mais amigáveis e entendeu a necessidade de se adaptar e oferecer opções aos seus públicos.

O iPhone, lançado em 2007, aproveitou a lição. Chegou com um conjunto exclusivo de sons, a exemplo dos grilos (seu toque mais utilizado), do som de avião decolando para indicar o envio de e-mails e do som de máquina de escrever antiga para o teclado. Com timbres pensados e humanizados, eles tornam a experiência mais agradável e familiar e agregam reconhecimento ao produto.

A Nokia se inspirou no sucesso da Apple e, em 2012, contratou uma equipe de Sound Branding para criar 25 novos ringtones em conjunto com a Orquestra Sinfônica Bratislava, da Eslováquia. Os novos rings foram veiculados inicialmente nos modelos Lumia 920 e 820. E foram mais um sucesso.

A INOVAÇÃO DA COCA-COLA

A experiência da Coca-Cola comprova que o som é uma língua sem palavras compreendida por todos. Em 1993, a empresa criou um jingle para a campanha global "Always Coca-Cola" que foi traduzido e veiculado em diversos idiomas. Treze anos depois, em 2006, a companhia resgatou o jingle que deu a volta ao mundo para tomar emprestada a célula mais marcante da melodia. Nascia assim o logo sonoro da marca.

A primeira aplicação desse logo sonoro foi em um anúncio intitulado "Happiness Factory", desenvolvido pela agência Wieden+Kennedy, na Holanda. Com um minuto e trinta segundos de duração, o filme veiculado mundialmente tinha o propósito de comunicar que a marca é muito mais do que a experiência de tomar refrigerante e contém um conjunto de significados agregados. Nesse anúncio, a melodia do logo sonoro, composta por cinco notas, é tocada diversas vezes. O caráter repetitivo contribui para a memorização da assinatura e tem-se a impressão de que a melodia sempre esteve ali. No Brasil, o slogan dessa campanha foi traduzido como "Viva o lado Coca-Cola da vida".

Desde então, o logo sonoro da Coca-Cola está em todas as campanhas. Em "Abra a felicidade", de 2009 (da agência McCann Erickson), a melodia da trilha está afinada com a melodia do logo sonoro aplicado no final do filme. Eis aí um ponto importante sobre o uso do mesmo logo sonoro em filmes diferentes: a tonalidade em que é composta a música dos filmes deve ser concordante com a tonalidade do logo sonoro, para que sua aplicação seja harmônica. Afinal, os logos sonoros, assim como os logotipos das marcas, devem manter suas características em suas aplicações ao longo do tempo.

Uma das patrocinadoras oficiais da Copa do Mundo de Futebol da FIFA, a Coca-Cola recorreu mais uma vez ao Sound Branding para reforçar sua presença no coração da torcida, escolhendo canções que ficaram associadas à marca para serem tocadas em filmes sobre a emoção da Copa que tocaram fundo o público. Na África do Sul, em 2010, o tema foi a canção "Wavin' flag", cujo refrão foi entoado por um coro de pessoas do mundo inteiro que lotavam o estádio. Em 2014, o tema da Copa no Brasil foi "Todo Mundo", interpretado pela cantora paraense Gaby Amarantos com participação do grupo Monobloco.

Ainda em 2014, a Coca-Cola lançou uma ação em supermercados chamada Happy Beep. Em uma intervenção inusitada, a marca usou o som dos caixas de supermercado como mídia. Foi assim: em vez de ouvir o bipe tradicional que se escuta ao passar os itens do carrinho pelo caixa, toda vez que uma Coca-Cola era registrada o cliente ouvia o logo sonoro da marca, o "Coke 5-note tune". E, claro, sorria. Essa foi uma criação da Ogilvy Brasil. A ideia era levar o conceito da campanha "Abra a felicidade" ao cliente antes mesmo de ele abrir a Coca-Cola.

A VERSATILIDADE DO SOUND BRANDING
A relação entre o som e as marcas está se especializando e tem provocado desdobramentos inusitados. Cases como os sons da crocância em alimentos, aplicação de paisagem sonora com o objetivo de interferir nos índices de violência de uma rua e obras de arte com as quais se pode interagir revelam um universo de possibilidades comandado pela criatividade.

O SOM É UMA LÍNGUA SEM PALAVRAS COMPREENDIDA POR TODOS.

BATATAS MAIS SONORAS

O som faz diferença, e muita, na atração que os alimentos exercem sobre a sua vontade de comê-los. Que o diga o cientista Charles Spence, da Universidade de Oxford, ganhador do prêmio Ig Nobel de 2008, uma distinção dada a pesquisadores que fazem rir e pensar com seus achados. É uma celebração do excêntrico, do incomum e imaginativo e, claro, um meio de estimular o interesse por ciência, medicina e tecnologia.

Spence, que trabalha em uma área conhecida como gastrofísica, conquistou o prêmio na categoria nutrição. Ele é um dos maiores especialistas do mundo no modo como os nossos sentidos interagem para formar a percepção do sabor e tem certeza de que assim é possível influenciar as escolhas alimentares. Por isso, tornou-se consultor de empresas como PepsiCo, e muitas das suas pesquisas são financiadas pela Unilever. Seguindo suas orientações, uma marca de batatas decidiu aumentar o som de crocância do produto, associado pelo consumidor a alimentos frescos e mais saborosos. Com isso, a marca elevou suas vendas em 15%!

SE ESSA RUA FOSSE MINHA...

Lancaster fica à margem do deserto de Los Angeles County, na Califórnia, nos Estados Unidos. No primeiro trimestre de 2011, a cidade deu início a uma das mais ousadas experiências sonoras conhecidas: usar a paisagem sonora para diminuir a violência. A ideia original surgiu da experiência de um ex-advogado criminalista e prefeito eleito de Lancaster, R. Rex Parris. A partir dos seus estudos para compreender os efeitos de substâncias químicas no cérebro e estados alterados de consciência, Parris decidiu investir recursos próprios para testar o impacto de sons reconfortantes em uma área da cidade com elevados índices de criminalidade. Será que os sons teriam o poder de alterar de alguma forma esse panorama?

Composta por meu colega inglês Julian Treasure, a paisagem sonora da área central de Lancaster integra sons de pássaros, de água que cai suavemente e o som regular dos batimentos cardíacos para conduzir as pessoas a um ritmo mais lento. A tese aqui é que os sons da natureza levariam o indivíduo a se sentir mais conectado com a vida natural, e isso aumentaria, no cérebro, a produção de substâncias químicas associadas ao bem-estar, o que contribuiria para reduzir a violência. Segundo Treasure, esse conjunto de "sons edificantes" pode reduzir a produção dos hormônios cortisol e adrenalina, liberados em maior quantidade pelo corpo humano em resposta ao estresse. "Durante milhares de anos, aprendemos que o silêncio dos pássaros é um sinal de que pode haver perigo. Ouvi-los é, portanto, reconfortante", diz ele.

Os sons instalados na região do Lancaster Boulevard são transmitidos por cinco horas em dias de semana por mais de 70 alto-falantes. Eles foram montados em postes e colocados em locais de estacionamento centrais e camuflados no meio das plantas na calçada. A medida teve grande repercussão na mídia e desencadeou uma reação bastante positiva na cidade e na região-alvo.

Bem, se foi efeito das transmissões, da repercussão da iniciativa na mídia ou qualquer outro fator, o fato é que em 2011, dez meses depois do lançamento do projeto, o número de crimes graves caiu cerca de 6% em Lancaster, e o de crimes menores, em 15%. Na avaliação de autoridades locais, foi sensível a redução nos crimes por impulso. O jornal americano *Wall Street Journal* publicou uma reportagem em janeiro de 2012 descrevendo a experiência e discutindo seu impacto. O texto mostrou que grande parte dos moradores da cidade acreditava no impacto positivo do som das aves e que os comerciantes perceberam mudanças no comportamento dos seus clientes, que se tornaram mais pacientes. Evidentemente, não faltaram questionamentos sobre o real poder dessa paisagem sonora de reduzir a criminalidade. No mesmo artigo, Laura Dugan, uma professora associada de criminologia e justiça criminal da Universidade de Maryland, dizia ser comum as autoridades públicas afirmarem o impacto positivo de suas iniciativas para diminuir a criminalidade. A especialista ponderou que faltavam evidências para que se pudesse realmente atribuir a diminuição da violência ao Sound Branding. No mesmo período, dizia Dugan, ocorreu uma queda da criminalidade em cidades menores e maiores.

Treasure me falou sobre essa experiência tão interessante. Ele contou que uma de suas estratégias para conhecer o efeito da iniciativa foi inserir a paisagem sonora em dias alternados. "Fizemos soundscape no primeiro dia, silêncio no segundo, soundscape no terceiro e assim por diante. E depois avaliamos as mudanças: o grau de satisfação nos shoppings, a felicidade, a violência no geral ou quão rápido as pessoas andavam e uma série de aspectos que pudessem ser afetados pelo som." Treasure comentou também que fez outras aplicações do som para a redução da violência. "Não tenho números porque não era essa a finalidade, mas instalamos som em terraços de um shopping center que serviam como locais de suicídio. As pessoas costumavam subir e se atirar." Para entender o contexto e escolher sons apropriados, ele e sua equipe selecionaram 75 teses científicas relacionando música com depressão, psicose, esquizofrenia e outros problemas mentais. "No fim, decidimos que o ideal era música pop, porque as letras geralmente falavam sobre atravessar tempos difíceis, sentir-se bem, otimista, positivo, agradecido. Enfim, canções felizes. Não há um estudo científico, definitivo, mas posso afirmar que os suicídios diminuíram dramaticamente", concluiu Treasure.

OS SONS DA TERRA EM INHOTIM (MG)

A experiência sonora desperta a percepção. Uma das mais interessantes e originais ocorre no Brasil, na cidade de Inhotim, em Minas Gerais. Ali foi criado, em 2009, o Sonic Pavilion, uma obra interativa desenvolvida para dar acesso aos sons do interior da Terra. Projetada pelo norte-americano Doug Aitken, artista premiado na Bienal de Veneza, a intervenção associa elementos sonoros, tecnológicos e a natureza de Inhotim. O artista abriu um buraco de 200 metros no alto de uma montanha e encravou ali oito microfones. Em volta, construiu um pavilhão de vidro que reverbera os sons do fundo da terra, do barulho do lençol freático aos menores deslocamentos das rochas, que não podem ser vistas. "É uma janela para um mundo perceptivo, não de ícones, mitologias, mas uma janela para uma forma de percepção expandida", resumiu Aitken em entrevista ao jornal *Folha de S. Paulo*. "São notas imprevisíveis. Penso na possibilidade de o som não se limitar à duração da música do disco, de não ser música, ser só o som descontrolado, ao vivo."

Todas essas experiências mostram que o som encerra uma potência ainda pouco conhecida e explorada. Um mundo extraordinário a ser descoberto e experimentado. Sim, o som afeta nossas emoções, influencia nossos estados de espírito e o de quem nos rodeia e pode mudar a configuração dos nossos dias. Alguém ainda duvida? ◆

Para saber mais
Se você gostou dos cases abordados neste capítulo, poderá apreciar outros relatos de experiências de sucesso em vários países reunidos na página da Audio Branding Academy. (ABA: http://audio-branding-academy.org/aba/).

Fundada em 2009, na Alemanha, a ABA se empenha em disseminar as melhores práticas no uso do som e do silêncio em nome da construção das marcas. Anualmente, a instituição premia os melhores trabalhos e promove cursos de formação profissional em vários países.

ABA, uma referência para o setor
Conversei com Cornelius Ringe, um dos fundadores da Audio Branding Academy (ABA), sobre os motivos que o levaram a criá-la.

> Em que momento você e seus colegas sentiram que era necessário criar a ABA?
CORNELIUS – Depois de ensinar na universidade, orientar teses e fazer networking com colegas e concorrentes, percebi a necessidade de uma instituição profissional para a indústria de Audio Branding. Como acredito no trabalho em equipe, em 2009 perguntei aos meus colegas Rainer Hirt e Kai Bronner se aceitavam criar a marca ABA.

> Quais são os objetivos da Audio Society, uma estrutura que existe dentro da ABA?
CORNELIUS – Trata-se de um clube de negócios somente para associados. Eles têm acesso a uma plataforma na qual empresas do setor podem trocar informações entre si e outras companhias podem procurar agências especializadas em Sound Branding. A área disponibiliza ainda uma ferramenta extremamente ágil que permite aos profissionais da área fazerem consultas bastante abrangentes sobre logos sonoros.

> Quais são os países mais avançados em Sound Branding?
CORNELIUS – Nossa indústria é muito forte na Alemanha, seguida pelos Estados Unidos e pela Grã-Bretanha. E, ainda que o mercado brasileiro desperdice muito do seu potencial de áudio, o país está entre os mercados fortemente emergentes.

SOUND BRANDING À BRASILEIRA 🎧 A VIDA SONORA DAS MARCAS

3>
SOUND BRANDING
À BRASILEIRA

A virada do século XX para o XXI encontrou o mundo preocupado com mudanças climáticas, migrações e com a necessidade de achar formas de melhorar a saúde e a qualidade de vida. Nesse contexto, muitas empresas enxergaram a importância de proporcionar experiências positivas à sua audiência e passaram a se interessar mais pelos benefícios do Sound Branding.

Nos relatos de cases que se seguem, você conhecerá melhor as expectativas das companhias que resolveram investir na criação do seu próprio Sound Branding para modificar a imagem da marca ou reforçá-la. As etapas do método mostram a vasta utilidade desse recurso.

Recapitulando, a criação do Sound Branding de uma companhia cumpre etapas indispensáveis. Tudo se inicia com uma imersão profunda na rotina da marca e dos seus públicos para conhecer os acertos, os erros e as oportunidades de intervenção. A seguir, as informações obtidas são submetidas a um grupo de trabalho composto por pessoas que representam a marca e trabalham para ela. Ao fim deste capítulo, você terá uma boa noção do poder e do alcance do Sound Branding. Boa leitura!

A SINCRONIA DOS BANCOS

No Brasil, o segmento financeiro rapidamente aderiu ao Sound Branding. O movimento foi iniciado pelo Banco Itaú, que foi sucedido pelo Bradesco, pelo Banco do Brasil e outros. Bastava ligar a televisão para ouvir a novidade – os logos sonoros desses bancos. Mas era ainda uma identidade sonora criada a partir de trilhas de filmes publicitários bem-sucedidos. Outro caminho muito usado na época era pedir a uma produtora de áudio que criasse algo parecido com o logo sonoro da Intel. Assim, surgiu uma coleção de logos sonoros com timbres parecidos com os do xilofone (que se assemelha ao instrumento principal usado no logo sonoro da Intel) e outros de sua família. Na época, em meados de 2000, a meta era criar um logo sonoro que lembrasse a marca, mas não havia ainda um método para capturar as características da marca e transmutá-las em som.

Com o tempo, a prática e o aprimoramento teórico, a tarefa de criar sons para identificar e traduzir as marcas ganhou complexidade e eficiência. Elas carregavam consigo atributos de personalidade que, uma vez entendidos e bem trabalhados, tinham potencial para orientar a criação de um som único e de uma estratégia capaz de integrar todas as suas expressões para oferecer uma experiência singular e consistente ao público.

Nessa nova fase, em que passou a dispor de recursos para conhecer a intimidade da marca, o Sound Branding atraiu segmentos ainda mais sensíveis do que os anteriores à opinião dos seus públicos. Um deles foi o transporte, caracterizado por uma capilaridade social que o mantém sob a constante avaliação dos usuários. Vieram também empresas de tecnologia, alimentação, comércio, abastecimento.

METRÔ

OS PÁSSAROS DO METRÔRIO

O metrô chegou ao Rio de Janeiro em 1979, desembarcando em uma metrópole repleta de contrastes. Era a capital da festa, da descontração, das escolas de samba, do chope gelado, dos gringos por todos os lados, dos corpos bronzeados e da turma que aplaudia o pôr do sol na praia de Ipanema. Mas vivia também a dura realidade dos trens e ônibus lotados, das montanhas de lixo na areia, da intensa verticalização e do apogeu dos problemas de moradia, culminando na expansão das favelas.

Como não poderia deixar de ser, a chegada do novo transporte teve um forte impacto na mobilidade urbana e no comportamento dos usuários. Era um meio novo, limpo, iluminado, amplo, seguro e tinha ar-condicionado. Logo, os mesmos usuários que descartavam seu lixo nos terminais de ônibus e trens não repetiam o gesto no metrô. Eu queria entender por que isso estava acontecendo. Será que as condições de maior conforto acalmavam as pessoas, dando a elas uma sensação de respeito e pertencimento e estimulando um desejo de preservar o lugar? Esse pensamento me levou a questionar as condições do transporte na cidade e imaginar formas de intervenção para estimular o bem-estar.

No início de 2011, com essa ideia em mente, procurei a concessionária do MetrôRio para apresentar sugestões. Minha proposta era trocar a música clássica ouvida nas estações e o formato dos avisos, em geral dados por uma voz séria e sem sotaque local, uma coassociação que tornava a comunicação com os usuários bastante fria e impessoal.

A essa altura, os executivos do MetrôRio estavam lidando com a avaliação ruim feita pelos usuários do uso de música clássica nas estações e com as opiniões sobre as mensagens. Por tudo isso, gostaram da ideia e decidiram abraçá-la. O resultado foi que, em menos de um ano, o MetrôRio tornou-se o primeiro transporte de massa no mundo a ter seu próprio Sound Branding. A sonorização entrou no ar em outubro de 2011, para ser ouvida por um público diário de cerca de 600 mil pessoas.

Começamos a estudar a marca, sua história, seu negócio, seus problemas e oportunidades de transformação da experiência dos clientes. Observamos cada circunstância de interação sonora, da máquina de venda de tíquetes aos sons ouvidos durante todo o percurso da viagem. Após esse levantamento, montamos um grupo de trabalho formado por pessoas ligadas ao marketing e à área operacional do MetrôRio.

A missão inicial era descobrir como seria a marca se ela fosse uma pessoa. Quais seriam seus atributos de personalidade indispensáveis? Muitas e boas conversas nos mostraram que seria um homem de 35 anos, um tipo casual, que gosta de ouvir música popular brasileira (MPB) e contemporânea. Mas por que um homem? Por causa da natureza desse ramo de serviço, que envolve técnica e força. No entanto, a voz da comunicação com os usuários nos trens e estações deveria ser feminina, afetuosa, com sotaque carioca e humana, para aproximar a relação.

Nossas conclusões foram verificadas por uma pesquisa realizada em agosto de 2011 com 392 funcionários. Queríamos saber quais itens seriam os mais pontuados da nossa lista de atributos definidores da marca. A resposta foi: transformador (55,7%), prático (44,4%), carioca (31,7%) e comprometido (16,3%). Assim, o metrô seria um homem transformador, prático, carioca e comprometido com seus ideais.

Com esse conjunto de dados em mãos, fizemos uma série de escolhas musicais para chegar a um tema destinado a estimular o bom humor, inspirar as pessoas, que criasse um ambiente gentil, leve e transmitisse o jeito carioca de levar a vida. Determinamos, por exemplo, a presença de instrumentos cariocas como o pandeiro, a cuíca e o tamborim, uma bateria tocada com vassourinha para reproduzir o som do trem em movimento, contrabaixo, violão de aço, guitarra baiana (assemelha-se ao cavaquinho), rabeca (muito presente na música nordestina) e um trombone, instrumento que se assemelha à voz humana. A melodia seria fácil de cantarolar, delicada e carinhosa.

Concluídos o tema musical, o logo sonoro e a escolha da nova voz, começava a fase de implantação, que envolve diversas áreas operacionais e mudanças na cultura da empresa. Além de regravar todas as mensagens de acordo com o novo conceito, fizemos a sonorização do site, do SAC (atendimento telefônico) e criamos spots publicitários. Em todas essas possibilidades de contato do usuário com a marca, os sons ouvidos têm entre si uma unidade sonora, que é fundamental para criar uma experiência, reforçar a marca e dar peso ao projeto. E foi assim que nasceu a primeira paisagem sonora implementada no país!

Aprendemos muito com esse processo. Inicialmente, inserimos um canto de aves noturnas entre os sons de natureza ouvidos nas estações. Mas essa escolha causou aos usuários muito estranhamento, e deu o que falar na mídia. Trocamos então as aves noturnas pelo canto apaziguador de aves diurnas, regulamos o volume e finalmente o som das estações foi bem percebido. Ao ouvir os rumores de uma floresta, havia pessoas que olhavam para cima procurando uma gaiola com pássaros dentro. De modo geral, a percepção era positiva.

Por fim, editamos um Sound Branding Book, um livro de referência contendo os registros do processo de criação do novo tom verbal da marca e o manual de uso do Sound Branding, que foi usado no treinamento de tom de voz e verbal dado aos condutores, agentes de segurança e atendentes. No antigo manual, os funcionários eram orientados a chamar os usuários de "prezado cliente". Agora, a conduta adequada é encontrar um jeito mais amigável e espontâneo, como o Rio.

A estratégia para estimular a mudança foi convidar os condutores a falar com os passageiros como fazem os pilotos de avião, sem textos prontos e à sua maneira. Sugerimos que pensassem em frases relacionadas com a característica transformadora que a marca carrega. Os condutores aderiram e os usuários puderam desfrutar de frases muito boas. Uma delas, de um condutor mais espontâneo, ganhou destaque em reportagem de jornal: "Meus caros amigos, desejo que todos os seus sonhos se realizem. Bom dia". Que delícia foi ouvir isso!

Posso garantir que esse trabalho foi essencial para o estabelecimento do Sound Branding no Brasil. Ele abriu caminho para a produção nacional e abriu as portas do mundo quando foi apresentado no festival de criatividade de Cannes, na França, em 2012, com a presença de Walter Werzowa. Ele é o criador do logo sonoro da Intel, como já dissemos, e ganhou o prêmio de melhor case pelo júri popular da Audio Branding Academy (ABA), em sua 5ª edição realizada em Moscou, Rússia, em novembro de 2013.

Dezoito meses após a implantação do Sound Branding no MetrôRio, o Grupo Troiano de Branding e a Zanna Sound entrevistaram 250 usuários com idade acima de 18 anos para avaliar a receptividade às mudanças. Os resultados foram reveladores. Para 93% dos participantes da pesquisa, a primeira lembrança mais presente era a substituição dos trens antigos por novos. A segunda memória mais frequente era a mudança dos sons, apontada por 60% dos usuários. Destes, 94% se recordavam de ter ouvido a nova voz do MetrôRio e 81% diziam ter gostado ou gostado muito dela.

INSPIRAÇÃO

"O fato de o MetrôRio ser uma marca que presta um serviço público tão fundamental a toda a população carioca fez dele um case de Sound Branding muito inspirador para todo o Brasil. Certamente a jornada dos usuários do MetrôRio rumo ao trabalho ou na volta para casa é agora um momento mais humano e, sem dúvida, muito mais carioca."

Jaime Troiano, presidente da TroianoBranding.

Para saber mais, assista ao vídeo case:
http://www.zanna.net/cases/metrorio

INOVAÇÃO NO METRÔ BAIANO

A experiência bem-sucedida do MetrôRio encorajou a concessionária do metrô de Salvador, na Bahia, a experimentar o Sound Branding. O Grupo CCR, que venceu em 2013 a licitação para colocar o sistema em operação, teria pela frente o desafio de recuperar a boa imagem do metrô e conquistar a simpatia da cidade após treze anos de atrasos e escândalos de superfaturamento da obra.

Ajudar uma marca a se posicionar no seu início já é um grande desafio, especialmente nesse contexto. Começamos conversando com os executivos de marketing, operações e tecnologia da informação que vieram de outras operações de transporte no Brasil para colocar os trens em funcionamento e com o presidente. Era necessário conhecer as suas expectativas e percepções. Dessas conversas emergiu a ideia que ajudou a resumir o metrô da Bahia. As impressões do grupo se tornaram palpáveis por meio da frase "O pai dá a estrutura. A mãe conversa". Isso significa que a personalidade da marca passava por dois arquétipos: o pai que se compromete com a segurança e a eficiência e a mãe, aquela que informa e guia o passageiro nas estações de forma carinhosa e acolhedora.

Com essas indicações, começamos a rascunhar a personalidade da marca. Estávamos falando de um homem que buscava explorar o seu potencial tecnológico e logístico. Ao mesmo tempo, a marca se mostrava feminina em sua essência e na forma de se comunicar. Como uma jovem baiana universitária, acolhedora, alegre e verdadeira. Alguém com desejo de transformar a si e ao mundo, que transmite sensação de segurança e integração, que gosta de juntar as pessoas independentemente da sua classe social, financeira ou cultural.

Que tipo de música combina com esse perfil? Os instrumentos seguiriam a mistura da Bahia com o mundo, já experimentada pelo músico Paul Simon. Tocaríamos world music com a percussão da música baiana, o melhor naipe de metais do Brasil guiado pelo arranjador baiano Luiz Brasil e uma pitada do chamego de Dorival Caymmi. A voz do metrô seria de uma baiana decidida e delicada, com seu belo sotaque, e, para finalizar, gravaríamos todos os avisos aos usuários dentro da ótica da proximidade, acolhimento e positividade, para desanuviar a tensão comum nos meios de transporte. Em vez de dizer "não ultrapasse a faixa amarela", passamos a falar "permaneça atrás da linha amarela". Não soa mais simpático? Eis aí o projeto que se ouve nos trens e estações desde junho de 2014, quando começou a Copa do Mundo.

Para saber mais, assista ao vídeo case:
http://www.zanna.net/cases/metrobahia

AEROPORTOS

OS VENTOS DA MUDANÇA NA INFRAERO

Aeroportos podem ser locais muito ruidosos. Eu, particularmente, sempre usei tampões de ouvido para me poupar da massa sonora desordenada comum a esses espaços. Usuária constante de aeroportos que sou, pensava em alternativas para diminuir de alguma forma esse tremendo estresse auditivo. Será que todos os sons ali emitidos eram inevitáveis? Comecei então a observar todo o percurso, da porta de entrada à sala de embarque, imaginando soluções. Em 2010, procurei os executivos de marketing da Empresa Brasileira de Infraestrutura Aeroportuária (Infraero), a responsável pelos aeroportos, para apresentar essas questões. Ouvidas as minhas preces, em maio de 2012 fui convidada para uma conversa com a agência de publicidade que atendia a Infraero na época, a Staff. Meses depois, a empresa privatizou cinco dos seis maiores aeroportos do país. Com a mudança, a Infraero passou a ter 49% de participação nos aeroportos de Confins (BH), Distrito Federal (DF), Campinas (SP), Guarulhos (SP) e do Galeão (RJ).

Pautada pela necessidade e ciente de que precisava ser mais competitiva, a empresa começou a buscar meios para tornar sua comunicação mais efetiva. Ela precisava, mais do que nunca, mostrar as suas conquistas, expertise e eficiência. Foi nesse momento que decidiu recorrer ao Sound Branding. Em setembro de 2013, começava o projeto que seria aplicado aos 61 aeroportos sob a gestão da companhia.

Durante a fase inicial, visitei muitos aeroportos para mapear a experiência sonora dos usuários e pude ver por dentro como a sua dinâmica é complexa. Aeroportos são pequenas cidades repletas de prestadores de serviços. Lá estão as companhias aéreas, as marcas, há o comércio de produtos, a Receita e a Polícia Federais, a Secretaria de Defesa Agropecuária, a Agência Nacional de Vigilância Sanitária e o Departamento de Controle do Espaço Aéreo do Comando da Aeronáutica.

O convívio com o dia a dia dos aeroportos nos permitiu identificar alguns problemas. Mostrou, por exemplo, que era preciso intervir no modo como as informações circulavam nesses espaços. Para nós, ficou evidente que o público ficava confuso em relação a qual autoridade respondia pelo quê. Na origem dessa desorientação estava o uso compartilhado do sistema de som por todos e de maneira muito semelhante. Como não ficava claro de quem era a mensagem, na visão do usuário todos os problemas ocorridos nos aeroportos eram atribuídos à Infraero.

Criada há mais de 41 anos, durante o governo militar, a empresa pública surgiu para zelar pela segurança do trânsito de passageiros (embarque e desembarque). Seu principal atributo, a segurança, tornou-se o pilar central do relacionamento com o público. A nosso ver, outros aspectos valiosos no trato, como a humanidade e a proximidade, tinham sido deixados de lado.

Além disso, como a marca Infraero nunca foi alvo de um trabalho de Branding – apenas passou por um redesign, em 2009 –, ficou ao sabor dos acontecimentos positivos e negativos. Desafortunadamente, apesar de ter pessoal altamente capacitado e um elevado índice de eficiência, a empresa passou a ser vinculada pelos usuários a todo e qualquer problema no ambiente aeroportuário brasileiro. Como se pode ver, uma reputação difícil de ser modificada. E também um excelente desafio.

Seguindo as diretrizes do nosso processo de trabalho, montamos um grupo para desenhar a personalidade da marca Infraero. Como seria ela se encarnasse uma pessoa? A resposta do grupo foi que se pareceria com uma mulher de 40 anos, brasileira, que batalhou e estudou muito para conquistar o lugar que ocupa, é empreendedora bem-sucedida e se orgulha de cada uma das suas conquistas. Gosta de viajar, de arte, de comer bem, fala línguas, gosta de ler sobre economia e comportamento. Ela também é experiente, pois desenvolve e administra aeroportos no Brasil há mais de 41 anos; conectada, já que integra pessoas e negócios no Brasil e no mundo; atenciosa, porque deseja oferecer boas experiências no ambiente aeroportuário e no atendimento ao cliente, e dinâmica, pois agrega a capacidade de gerenciar a complexidade do seu negócio em um cenário de constantes mudanças.

A partir dessas características, imaginamos conceitualmente os sons que deveriam estar presentes na música Infraero. O ritmo pop da world music daria a dinâmica da obra. Ágil sem ser frenético, para transmitir fluidez. Sua instrumentação iria conectar as várias texturas encontradas neste Brasil, porém familiares aos ouvidos estrangeiros. Para tanto, gravamos alfaias, acordeom, cuíca, berimbau, violão com cordas de náilon e, em contraponto, instrumentos internacionais como flauta, violão com cordas de aço, violoncelo, caixa, *cajón* e *ukulele*, uma espécie de cavaquinho do Havaí com cordas de náilon. O clima da música deveria transmitir a experiência. Seus acordes seriam inteligentes sem perder a simplicidade. A melodia, que é a ponte entre a música e as pessoas, seria carinhosa e simples, para ser lembrada.

Assim que a música Infraero ficou pronta, tínhamos a peça principal para "vestir" a marca em som. Dela extraímos os três logos que anteanteciparíam tipos de avisos diferentes.

Mais um elemento fundamental desse projeto é a voz. Após o estudo, constatamos que a voz que havia décadas embalava a experiência das viagens de brasileiros e estrangeiros não se adequava mais às necessidades da comunicação da marca. Bela e marcada pela sensualidade, estava em desacordo com o perfil da mulher empreendedora, bem-sucedida, experiente e cosmopolita que representava a marca Infraero. O próximo desafio seria, portanto, encontrar a nova voz dos aeroportos. Lançamos o casting com o perfil da pessoa que procurávamos em rede nacional.

Em resposta, recebemos 61 vozes de partes diferentes do Brasil. Após a primeira seleção, chegamos a 22 vozes com o perfil psicológico e técnico que desejávamos. Na segunda seleção, foram feitas entrevistas por telefone com as 22 candidatas. A última parte do processo seria ao vivo. Encontrei pessoalmente as seis candidatas restantes, pois o fator olhos nos olhos seria fundamental para a escolha dessa mulher. Era importante que ela não fosse deslumbrada, que as câmeras e microfones não a fizessem perder o foco e, mais do que tudo, deveria ser alguém para quem o mundo não fosse um mistério, mas algo interessante. Alguém que tivesse viajado, que falasse fluentemente línguas, descolada e ao mesmo tempo com raízes brasileiras bem definidas. Finalmente, escolhemos a baiana Ana Paula de Aquino. Residente na cidade de São Paulo, ela passara dez anos em Nova York e, por isso, tinha a fluência do mundo de que precisávamos. Com aproximadamente 40 anos, era jovial, adorava viajar, era simples e inteligente ao mesmo tempo. Mostrava disponibilidade, era atenciosa, firme e calma. Seu tom era médio-grave, e o sotaque, neutro. Mas nem só de um bom timbre vive a comunicação de um aeroporto. O conteúdo precisava ser transformado radicalmente. O som da voz está diretamente conectado aos textos, ao discurso que a marca escolhe usar. Ele define as palavras, frases, estilos da fala e da escrita.

Passamos então ao ajuste do tom verbal da Infraero. Uma mudança sem precedentes que ajudaria muitíssimo a empresa a fazer sua revolução. Seus atributos de personalidade mais uma vez deveriam ser os guias dessa construção: experiente, conectada, dinâmica e atenciosa. Na prática, o que isso significa? Em vez de "Infraero informa: este aeroporto encontra-se fechado para pousos e decolagens, sem previsão para normalização", a marca passou a dar seu recado de uma maneira mais simpática: "Olá, passageiro, estamos aguardando a melhoria das condições climáticas para normalização de pousos e decolagens". O novo tom verbal positivou uma comunicação que antes era sisuda e negativa. Com a mudança, ela se tornou mais próxima, leve e otimista.

Após estabelecer a música, os logos sonoros, a voz e o tom verbal, gravamos as mensagens da marca em português, inglês e espanhol e distribuímos a todos os aeroportos da rede Infraero espalhados pelo Brasil (cerca de 61). Atualmente, a música da Infraero é tocada na íntegra a cada duas horas nos aeroportos.

Os novos sons foram ainda aplicados às mensagens do SAC, ao atendimento telefônico e da ouvidoria, à intranet, web, aplicativos e um ringtone a ser adotado pelos funcionários da empresa. Também fizemos um vídeo de treinamento que explica como usar o Sound Branding e treinamos áreas estratégicas para adotar o novo tom verbal da empresa. O objetivo final era levar esse novo jeito de falar ao pessoal da ponta, todos os atendentes dos aeroportos.

O trabalho para a Infraero tornou-se uma causa pessoal e me tocou profundamente. Trata-se de uma empresa governamental que teve a coragem de mudar e, quem sabe, influenciar outras estatais ainda vinculadas a um Brasil que não existe mais. Por meio desse trabalho, curo a minha cidadania e sonho em participar da transformação deste país em um lugar melhor. **Para saber mais, assista ao vídeo case:** http://www.zanna.net/cases/infraero

GRU, A PORTA DE ENTRADA DO PAÍS

Nos últimos meses de 2012, fui chamada a pensar um projeto de sonorização para o GRU Airport – Aeroporto Internacional de São Paulo, o maior do país. Era uma ótima chance para colocar em prática o que tinha aprendido com a implantação do Sound Branding do MetrôRio. Nesse ambiente em que estão todos de passagem, as pessoas ficam mais atentas aos avisos sonoros, pois eles poderão ser relevantes para chegar ao destino. Nessas circunstâncias, a comunicação sonora passa a ser um meio mais eficaz que os avisos escritos.

A proposta de transformação do som do maior aeroporto da América Latina fazia parte de uma iniciativa maior. O primeiro passo tinha sido a escolha de um nome mais simples para rebatizar o local, que era chamado de aeroporto de Cumbica ou de Guarulhos. Era o momento de fixar a nova marca e a mudança que ela representava. Meses antes, a Infraero havia privatizado a gestão desse aeroporto, que por meio de um leilão de concessão passou para a Concessionária do Aeroporto Internacional de Guarulhos S.A., formada, após a assinatura do contrato, pelo Grupo Invepar, pela Airports Company South Africa (ACSA) e pela própria Infraero. Tratava-se, assim, do primeiro aeroporto do Brasil a ter um novo modelo de negócio, além de ser a porta de entrada do país.

Os estudos realizados para traçar a personalidade da marca indicaram que GRU seria uma paulistana de 35 anos, casada e com filhos, despojada e também sofisticada, bem informada sobre assuntos gerais e que gosta de ir ao cinema. Profissionalmente, seria uma comerciante de porte médio que adora viajar. Seus traços mais marcantes seriam a vocação inovadora, dinâmica e multicultural.

Se tivéssemos que traduzir em uma palavra o que a marca pedia, seria leveza. Queríamos um som que ajudasse a dissolver a imagem que o aeroporto tinha de lugar imponente e frio. Assim, compusemos para GRU uma música instrumental, acústica e essencial, atual com toques retrô, com ares de Burt Bacharach e Sérgio Mendes. Ela se casou perfeitamente com uma marca que transita por muitas culturas. Sua levada é pop retrô, mas com um certo charme e descontração, por se tratar de um aeroporto no Brasil. Do tema musical tiramos o logo sonoro (como você sabe, a célula mais marcante da melodia). É um som que inspira viagens e alto-astral ao mesmo tempo.

A voz da marca é feminina, informal, educada e com sotaque paulistano não muito marcado. O casting foi feito em São Paulo, pois queríamos uma voz local. Simone Kliass, atriz e locutora publicitária, é quem personifica a marca e fala aos passageiros.

Em janeiro de 2013, avisamos a imprensa sobre as mudanças. A repercussão nos grandes veículos do país foi excelente. A *Folha de S. Paulo*, por exemplo, deu chamada de capa na edição do domingo, 3 de fevereiro: "Cumbica põe nova voz e trilha sonora para levar 'calma' a passageiros". Em dois dias, o vídeo case no YouTube alcançou 32 mil acessos.

Com toda a certeza, há muito mais a ser feito para se chegar a uma experiência auditiva ideal no GRU Airport, mas hoje os passageiros já se sentem mais bem acolhidos pelo ambiente e reconhecem seu som assim que desembarcam do avião.

Para saber mais, assista ao vídeo case:
http://www.zanna.net/cases/GRU

MERCADO FINANCEIRO

UM BANCO COM O JEITO DO BRASIL

Em 2008, o Banco do Brasil (BB) comemorou dois séculos de existência. A campanha pensada para as comemorações, cujo slogan era "200 anos fazendo o futuro", teria diversas ações e filmes. Para criar a identidade sonora da iniciativa, houve uma concorrência que a Zanna Sound venceu, juntamente com a agência Artplan.

Com as informações dadas pela agência, compus um tema instrumental. Um piano conduzia a melodia, que expressava tradição e esperança no futuro. Do tema extraímos as notas mais marcantes para formar o logo. Sugeri ainda que a locução das mensagens fosse feita por uma voz feminina, para diferenciar o BB dos outros e reforçar sua diversidade. O cliente gostou e partiu para a aplicação do som em toda a sua comunicação de massa e na nova campanha.

Durante as comemorações dos 200 anos do Banco do Brasil, o tema musical recebeu arranjos diferentes para cada filme publicitário ao longo de um ano e meio de veiculações. Passamos por muitos estilos brasileiros, do catimbó da Amazônia e do Pará à bossa do Rio de Janeiro. Em um dos filmes, que se passava em São Paulo, o cantor e compositor Arnaldo Antunes protagonizou os vocais e a locução. Para outro, sobre a previdência, fizemos um novo arranjo para a música "Amor pra recomeçar", do compositor carioca Frejat, que ganhou uma interpretação inédita do cantor Zeca Baleiro.

Para saber mais, assista ao vídeo case:
http://www.zanna.net/cases/bancodobrasil

INDÚSTRIA

UMA IDENTIDADE PARA A CNI

A executiva Carla Gonçalves, gerente executiva de publicidade e propaganda da Confederação Nacional da Indústria (CNI), convenceu-se do poder do Sound Branding após uma palestra que proferi na Associação Brasileira de Anunciantes (ABA) em São Paulo em 2011. "Ficou evidente quanto o Sound Branding poderia ser relevante para modernizar a comunicação da marca e para iniciar o seu alinhamento no sistema industrial", disse.

Fundada em 1938, a CNI é composta por instituições como o Serviço Nacional de Aprendizagem Industrial (Senai), o Serviço Social da Indústria (Sesi), o

Instituto Euvaldo Lodi (IEL, que prepara as empresas brasileiras para um ambiente de alta competitividade) e federações em todos os estados brasileiros. Como são independentes, cada uma delas adaptou a comunicação, o logotipo e as cores à sua maneira.

Minha equipe e eu começamos a estudar o modo como a CNI se articulava com as suas associadas, seu mapa de competências e seu papel no sistema industrial. Identificamos, por exemplo, que o tom da sua comunicação era antigo e, por vezes, confundido com *A Voz do Brasil* (programa radiofônico estatal). A locução remetia a um anúncio de cinema da década de 1960. O desafio era incorporar a missão da CNI à sua comunicação, cuja diretriz era impulsionar o desenvolvimento da indústria investindo em formação e especialização.

A primeira conclusão do grupo de trabalho foi que a instituição evocava o arquétipo de um sábio, um conselheiro. Outros atributos definidos foram: o transformador, pois a CNI transforma o trabalhador, a indústria, o Brasil; o agregador, que tem a habilidade de juntar os envolvidos em torno do fortalecimento da indústria. O tema sustentabilidade é mais um ponto importante, porque pauta o desenvolvimento industrial apoiado em fatores socioculturais, ambientais e econômicos. Finalmente, outra qualidade era ser brasileira, já que sua missão fundamental é elevar o nível da indústria nacional para garantir a sua competitividade no mercado mundial.

Todos esses aspectos dirigiram a criação da música da CNI. Para remeter a sonoridade ao Brasil e ao seu papel no mundo, optamos por instrumentos eletrônicos e acústicos, numa combinação entre violinos, *samples* eletrônicos, trompetes e instrumentos de percussão brasileiros. A sustentabilidade aparece representada por um quarteto de vozes masculinas e femininas, o que sugere união, encontro de pessoas e equilíbrio social. O sábio se faz presente no clima da música, inteligente e de humor positivo, sugerindo progresso e expansão.

As cinco notas do logo sonoro, tirado do tema, foram elegantemente tocadas pelo trompetista Altair Martins. O logo pode ser ouvido ao fim de toda a comunicação de massa do Senai, do Sesi e do IEL e nos boletins da indústria no rádio em rede nacional. A voz é masculina, assertiva, simpática e inteligente, mas sem exageros. Um homem da indústria dos dias de hoje.

Com esses elementos, reformulamos a estética sonora da marca, que rejuvenesceu pelo menos seis décadas e deu início a um movimento integrador por meio do som, uma vez que o alinhamento do logotipo segue em processo de negociação.

Para saber mais, assista ao vídeo case:
http://www.zanna.net/cases/CNI

SANEAMENTO BÁSICO

A SABESP MAIS PERTO DO PÚBLICO

A Companhia de Saneamento Básico do Estado de São Paulo (Sabesp), criada em 1973, detém a concessão dos serviços de abastecimento de água e coleta de esgoto no estado de São Paulo. Com quase 40 anos de existência, a companhia exibia uma necessidade evidente de revigorar a marca e, além disso, criar um novo padrão de relacionamento com os usuários. Como realizar a mudança sem enfrentar toda a burocracia de uma empresa gerida pelo governo e considerada uma das maiores do mundo? A opção foi apostar na capacidade do Sound Branding de traduzir a evolução e os propósitos da marca.

Em novembro de 2010, começamos o trabalho de campo. Para dar conta da primeira missão, que seria identificar a personalidade da Sabesp, minha equipe e eu decidimos recorrer à mitologia para descrevê-la. Nosso percurso teve início com a busca de um arquétipo que representasse a Sabesp. Conforme o psiquiatra e psicanalista suíço Carl Gustav Jung (1875-1961), um arquétipo corresponde às nossas impressões e memórias mais primitivas armazenadas no inconsciente coletivo, o repositório do saber intuitivo da humanidade. Decidimos então que a Sabesp estaria ligada a um arquétipo feminino, porque lida com as águas. Seria uma líder carismática, transformadora, responsável e tecnológica.

Uma enquete realizada com 1.200 funcionários confirmou as nossas percepções. Cerca de 59% percebiam-na como transformadora, 64% a identificavam como uma mulher e 54% atribuíam a ela uma idade por volta de 40 anos. Os mesmos entrevistados ouviram três músicas com ritmos diferentes – rock, MPB e world music – com instrumentos africanos. Cerca de 56% das pessoas associaram a world music à personalidade da Sabesp.

A pesquisa trouxe também a certeza dos instrumentos que escolheríamos para a música da marca. Selecionamos a *kalimba* (instrumento musical africano), o violão de 12 cordas, muito comum no interior do estado de São Paulo, instrumentos percussivos como a moringa (instrumento percussivo feito de cerâmica) e outros com sementes (cujo som assemelha-se ao da água). A voz deveria ter tons graves, e a dicção, clara e firme, de quem acredita no que diz. Com essas matrizes, compusemos o manifesto sonoro, sonorizamos o site, compusemos o ringtone para celulares, o som da espera telefônica e as vinhetas dos boletins informativos do rádio.

Em todo esse processo, houve uma circunstância que me tocou especialmente. Fiquei muito emocionada quando escutei um novo arranjo do tema que fizemos para a Sabesp na abertura do concerto da Bachiana Filarmônica SESI-SP, na Praça Victor Civita, em São Paulo, em janeiro de 2011. Sob a regência do maestro João Carlos Martins, a orquestra sairia em turnê patrocinada pela Sabesp por várias capitais brasileiras. Não foi só lindo, mas uma prova da solidez e da flexibilidade do tema.

Aliás, divulgar o tema ao máximo é fundamental no processo de consolidação do Sound Branding. Para conquistar o público interno da Sabesp, por exemplo, fizemos sessões com todas as áreas de comunicação da companhia em várias cidades do estado para mostrar a identidade sonora. Nossa entrega terminava aí. Hoje, o som acompanha a concessionária em toda a sua comunicação.

Para saber mais, assista ao vídeo case:
http://www.zanna.net/cases/SABESP

TELEFONIA MÓVEL

VIVO, MUITO VIVO

Um dos sonhos recorrentes de uma especialista em Sound Branding como eu é que uma grande empresa global use o recurso em toda a sua plenitude, aplicando-o em todas as instâncias da sua comunicação. E que o faça reverberar em rede nacional. Um som que o Brasil pudesse cantar. A Vivo, pioneira no mundo a ter o seu Sound Branding, percebeu a oportunidade. Em meio à comunicação caótica das operadoras telefônicas, com tantos estímulos e promessas, ela anteviu que poderia usar o som para se diferenciar perante o usuário e confirmar sua posição de liderança.

Quando começamos o projeto, em 2013, o objetivo da Zanna Sound e do departamento de marketing da Vivo era gerar mais afinidade da marca com seus públicos, aumentar o vínculo afetivo e assim também mexer nos ponteiros dos resultados da empresa.

A Vivo foi lançada em 2003 e lidera o mercado de operações móveis no Brasil. Seu papel é estimular diálogos, aproximar pessoas e ampliar possibilidades para todos estarem sempre conectados. A marca, como o próprio nome diz, representa vida, energia, alegria e atitude positiva.

A nossa criação sonora se deu a partir dos atributos da personalidade da marca (a esta altura você sabe como chegamos a eles): entusiasmada, pois a marca é alto-astral; transformadora, já que quer mudar a vida das pessoas; acessível, porque conecta pessoas e facilita o diálogo, a interação e o entendimento; e humana, fazendo as pessoas se aproximarem independentemente da distância.

A Vivo seria, para nós, um homem cosmopolita de 30 anos, estilo despojado, que fala inglês, gosta de futebol, de bicicleta, é eclético e antenado com as tendências, tem uma startup. Esses atributos estão expressos no manifesto sonoro, uma música com ritmo entusiasmado e instrumentos de percussão africanos numa levada tribal tocada por Sané, percussionista da Nova Guiné que mora em Lisboa. Seu clima é transformador, um encadeamento de acordes que proporciona uma experiência inspiradora, sensação de conquistas e emoções positivas e, finalmente, a melodia, que é tocada por um piano e cantada em coro no refrão. As vozes brasileiras cantam como um grito de guerra da multidão que declara seu entusiasmo pela vida: Oh! Oh! Oh! Oh! Vivo!

Mas nem tudo são flores. Começamos o projeto em dezembro de 2013, e o que deveria durar no máximo quatro meses durou um ano e meio. A demora nas aprovações, o nosso detalhismo e a interação processual com a Espanha, onde está a matriz da empresa, alongou seu tempo. Começamos a implementação em dezembro de 2014, e, ainda que não tenhamos mensurado com pesquisas seu impacto no reconhecimento da marca, é possível sentir o resultado. Todos reconhecem a marca por meio do seu som.

Claro que ainda há muito o que fazer, pois marcas não se constroem do dia para a noite. Um projeto completo de Sound Branding pressupõe que o seu manifesto sonoro, o logo, a voz da marca, seus sons e sua seleção musical sejam aplicados em todas as peças de comunicação, espaços físicos e digitais, combinados ou não entre si. Eles são companheiros imprescindíveis em qualquer ponto de contato da marca com seu público. Assim, a marca potencializa a sua força sonora e passa a ser reconhecida mais rapidamente. Foi isso que a Vivo fez e continua fazendo.

Para saber mais, assista ao vídeo case:
http://www.zanna.net/cases/vivo/

VAREJO

A SOFISTICAÇÃO DO ST. MARCHE

Na virada do ano 2000, o brasileiro descobriu os prazeres do paladar e a cultura gourmet começou a crescer. Se antes as pessoas não sabiam as diferenças entre azeites ou sais de origem variada, hoje conhecem muito mais sobre o assunto e aumentou tremendamente o número de consumidores de produtos com sabor requintado. Pois foi no momento em que o público de produtos alimentícios mais sofisticados começou a se mostrar ávido por novos sabores que a rede de supermercados St. Marche chegou ao mercado. Na hora certa e no lugar certo, com bons pães, boas carnes, bons importados e produtos de primeira necessidade para facilitar a vida do cliente. Um imenso bistrô, que, apesar do tamanho, preserva o calor e a qualidade das *delicatessens*.

Bem, um lugar *premium* pede uma experiência *premium*. Uma marca inovadora que cria sua própria categoria no país não poderia deixar de ter um tratamento sonoro igualmente inovador e criador de sua própria categoria. Em setembro de 2012, começamos a desenhar a identidade sonora das lojas da rede St. Marche. Se naquela época eram 16, hoje são 20 lojas, incluindo o Empório Santa Maria e o restaurante e mercado Eataly, na cidade de São Paulo.

Pensar no som dessa marca foi uma delícia. Tivemos a liberdade estratégica e criativa que o ambiente merecia. Montamos um grupo de trabalho integrado por nosso planejamento, criação, pela equipe de marketing e TI do St. Marche e por seus fundadores, o paulistano Victor Leal Jr. e o carioca Bernardo Ouro Preto.

Na definição do perfil, concordamos que seria um homem de 38 anos, casado, empreendedor, morador de São Paulo, que gosta de comer bem e aprecia o que é bom. Os atributos mais significativos para esse homem são: o criativo, por inaugurar um segmento que antes não existia; o contemporâneo, pois se atualiza constantemente; ser próximo, porque está perto geograficamente e preserva as relações com os clientes; e ser exigente, o que, em se tratando de boa comida, dispensa explicação!

Nessa linha, instrumentos ruidosos não seriam bem-vindos à música desse ambiente. Sabíamos que, da mesma forma que a marca faz a curadoria de seus produtos, cada fonograma ouvido nesse ambiente deveria ser escolhido a dedo.

Partindo desse pressuposto, construímos seus territórios criativos: o pop acústico, o jazz melódico e música de câmara, que tem poucos instrumentos e arranjos leves de Villa-Lobos, Bach e Vivaldi. A proximidade veio na música brasileira, que vai da complexidade do chorinho aos artistas mais atuais como Céu, Marisa Monte, Celso Fonseca, Tulipa Ruiz e outros mais antigos, como os Novos Baianos e os Mutantes, e nem por isso menos modernos. Assim, o atributo criativo foi materializado na própria mistura dos estilos musicais. Hoje, os clientes pedem o CD com a música do St. Marche para ouvir em casa. Em pesquisa feita com 400 clientes em maio/junho de 2014, o tema "música gostosa no St. Marche" foi citado espontaneamente algumas vezes.

Fica aqui o convite feito a quem estiver em São Paulo para ir ao St. Marche curtir a música, descobrir sabores e aproveitar o serviço classe A dos paulistanos.

Para saber mais, assista ao vídeo case:
http://www.zanna.net/cases/stmarche

INDÚSTRIA ALIMENTÍCIA

COM SEDE DE MID

MID é um refresco em pó da marca japonesa Ajinomoto, uma marca amada por crianças e com preço bastante acessível. No Brasil desde 1956, passou por uma repaginação que contemplou seu logo e a criação de um novo posicionamento: "MID, o bom é dividir". O conceito por trás da mudança buscava tornar o produto presente na mesa da família brasileira como um facilitador da aproximação entre as pessoas, proporcionando momentos com qualidade.

Em outubro de 2013, começamos a trabalhar na identidade sonora desse novo momento da marca. Além de lidar com um propósito bacana, minha equipe e eu teríamos a oportunidade de criar para a classe trabalhadora e mostrar que música supera as barreiras sociais, culturais, econômicas e de linguagem.

Como praticamente todos os nossos clientes, o refresco MID foi a primeira marca de alimentos no Brasil a ter um Sound Branding. O objetivo da equipe era que sua música estivesse presente em todos os momentos especiais da família, como na hora das refeições.

Nos workshops de estudo que propusemos, o grupo estratégico definiu que a marca MID seria uma mulher de 33 anos, urbana, classe C, casada, com filhos e pequena empreendedora. Gosta de música pop, de novela e no final de semana vai ao shopping com a família. Ela é transformadora, porque molda o individual em coletivo, ausência em presença, mobiliza encontros, valoriza pequenas ações que melhoram o mundo. Também é gostosa, pois promove momentos e experiências prazerosas. E, ainda, afetiva, porque propaga o sentimento que mantém as relações familiares.

No ritmo da música, a transformação é pressentida na velocidade suave. A instrumentação é gostosa, pois arregimentamos instrumentos acústicos e específicos como a rabeca, brinquedos de criança, xilofone, violoncelo e o violão de aço. O clima da música e a melodia são afetivos, tocantes e simples. A letra e o refrão são fáceis de lembrar, estimulando mães e filhos a cantarolarem juntos. Confira:

De manhã acordo cedo, me levanto e vou fazer o café
Em qualquer tempo e lugar a mesa cheia repetir
A vida corre todo dia é dia e vou para o trabalho
Porém tem coisas que é bom com a família dividir
(refrão)
Amar é bom, é dividir / Tomar um MID MID MID MID
Amar é bom, é dividir / Tomar um MID MID MID MID
O tempo que a gente tá com todo mundo que se quer bem
Encontros que pra sempre vão ficar no coração
Ele brinca com as crianças, logo é hora do dever de casa
Dividir tarefas, sonhos, contas e muitas piadas

A partir dessa música, foi criado o logo sonoro que passa a assinar os filmes e spots das campanhas promocionais ou institucionais. Como a marca é feminina, a voz escolhida para cantar o tema e a voz da marca também o são. A locução é delicada, afetuosa e com sotaque neutro, para falar com todas as regiões do Brasil.

Com o engajamento das marcas nas redes sociais, os sons da MID caíram no gosto popular. O resultado é que quem gosta do refresco cantarola a sua canção sem perceber.

Para saber mais, assista ao vídeo case:
http://www.zanna.net/cases/MID

COMÉRCIO

A ATMOSFERA "COOL" DO VILLAGEMALL

Em novembro de 2012, foi lançado um grande empreendimento na Barra da Tijuca, no Rio de Janeiro, o Shopping VillageMall. Desde o primeiro momento, os responsáveis pelo marketing entenderam que era preciso criar a atmosfera ideal para o público que queriam atingir, composto por pessoas exigentes. Nossa agência foi convidada para essa missão e para outra ainda mais complexa, que consistia no desenvolvimento de uma identidade sonora original para o shopping. Como se faz no Sound Branding, criaríamos um manifesto sonoro que poderia se desdobrar em muitas outras intervenções e serviria também para orientar a programação da rádio interna do local.

Nosso estudo de Branding apontou que o Shopping VillageMall seria uma marca feminina, carioca, sofisticada, cuidadosa e visionária. O tema musical obviamente contemplaria essas características. Seu preciosismo está na maneira de tocar os instrumentos, o que foi feito por músicos excelentes. Já a carioquice surge na mistura de tamborins e do violão de sete cordas, muito comuns no chorinho, com um ambiente de jazz e pop. O slogan do shopping – O luxo é ser carioca – está afinadíssimo com essa identidade.

Hoje, o tema musical que criamos é tocado a cada duas horas nos alto-falantes do Mall e em cada um dos seus pontos de contato com o cliente. Para reforçar a identidade da marca, outra peça, o logo sonoro, pode ser ouvido no intervalo entre uma música e outra durante a execução da trilha ambiente. Os mesmos sons aparecem na chamada em espera e até na cancela do estacionamento. Por mais incrível que possa parecer, minha equipe e eu descobrimos que ela não apenas é um ponto de contato, mas é também dos mais sensíveis. Vamos apostar? Quantas pessoas você já viu xingando a gravação que insiste em dizer o óbvio: "Retire seu cartão"? Uma situação aparentemente pouco relevante, mas que acendeu a minha luz de alerta: sim, a voz da cancela pode ser nada mais, nada menos do que o primeiro ponto de contato do cliente que decide entrar no shopping pelo estacionamento. Em vez da mensagem tradicionalmente irritante, ele passou a ser recebido por uma voz sofisticada e despojadamente carioca. No VillageMall, experimentamos mudar essa mensagem para ver se haveria redução do estresse. Em vez da voz impessoal, os motoristas passaram a ser cumprimentados por uma voz simpática e espontânea: "Oi, tudo bem? Divirta-se! Até a próxima!".

Essa pequena mudança causou um grande impacto nos clientes e lojistas, e o fato foi citado inúmeras vezes na imprensa local. Tornar esse momento mais simpático e humanizado foi uma iniciativa que teve grande aprovação dos usuários.

Além disso, para embalar as tardes de domingo, criamos o trio Gigs. Tocando há mais de dois anos no terraço mais charmoso da cidade, o Gigs é formado pelos excelentes músicos que interpretaram o tema musical da marca, que tocam cordas (há guitarra havaiana, *ukulele*, bandolim, violão de aço), piano jazz e a percuteria do músico Carlinhos Cezar. O som é leve e elegante e o repertório é pop com uma levada jazz. Tudo perfeitamente alinhado e aquecido pelos tons de amarelo do céu no pôr do sol que se avista na Lagoa da Barra. Posso garantir que o Shopping VillageMall tem uma personalidade sonora marcante e que o faz ser lembrado como uma experiência prazerosa. ◇

Para saber mais, assista ao vídeo case:
http://www.zanna.net/cases/village-mall-3/

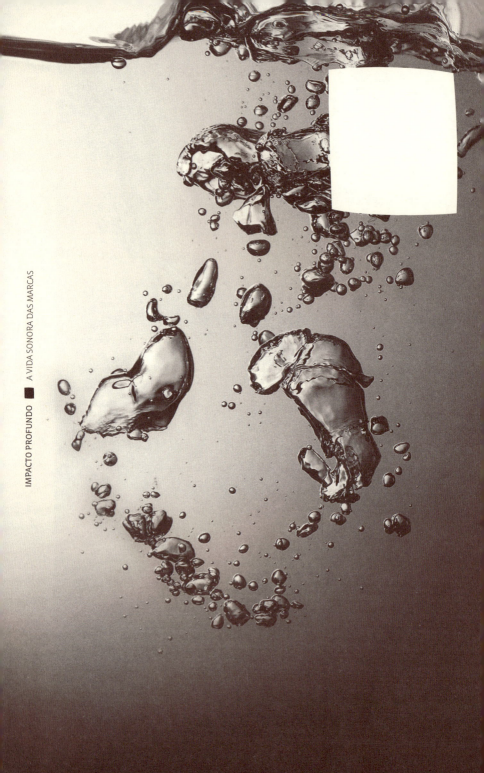

IMPACTO PROFUNDO ■ A VIDA SONORA DAS MARCAS

4 >
IMPACTO
PROFUNDO

Pelo lado da ciência ou dos conhecimentos intuitivos, temos uma relação ancestral com os sons. Desde tempos imemoriais, mantras, cânticos, pontos de macumba e palavras sagradas, entre outras manifestações, são evocados para proteger e curar o corpo e o espírito.

Nessa linha de raciocínio, o inglês Julian Treasure, autor do livro *Sound business: how to use sound to grow profits and brand value* (Como usar o som para aumentar lucros e o valor da marca – não publicado no Brasil), lançado em 2010, costuma dizer em suas apresentações que sons primais – como os batimentos cardíacos e o rumor das ondas do mar – oferecem efeito tranquilizador. A explicação estaria em um repertório primitivo que repousa na nossa memória.

Pela experiência de milhares de anos, o organismo entenderia que uma frequência cardíaca regular é sinal de que não há perigo à espreita e reina a paz. No entanto, se até recentemente ainda era possível duvidar dessas afirmações, agora um robusto conjunto de pesquisas começa a revelar que os sons podem interferir na saúde física e mental com potência ainda maior e de forma mais abrangente. Isso quer dizer que tanto podemos ter um sono melhor como perdê-lo e comprometer sua qualidade por causa da poluição sonora das cidades. Escolas de renome, como a Universidade de Harvard, nos Estados Unidos, produzem continuamente estudos que revelam o impacto positivo da música para melhorar a memória e o humor, as conexões cerebrais, baixar a pressão arterial, na recuperação cardíaca, na depressão.

Um dos trabalhos que mais chamaram a minha atenção foi feito por europeus. Sob a coordenação dos neurocientistas do Instituto Max Planck de Neurociência e Cognição Humana de Leipzig (Alemanha), fez-se um estudo para entender os caminhos pelos quais a musicoterapia produz um reconhecido efeito protetor do cérebro de pacientes com a doença de Alzheimer. Curiosamente, muitos doentes podem não lembrar o nome de um parente, mas lembram-se da letra de uma canção. No estudo, os pesquisadores fizeram trinta pessoas saudáveis ouvirem muitas canções. Durante as sessões, a atividade cerebral dos voluntários foi registrada por meio de ressonância magnética funcional (FMRI). Eles descobriram que a música fica em áreas do cérebro diferentes daquelas onde estão as outras memórias. Depois, os cientistas analisaram pacientes com a doença de Alzheimer para saber como essas mesmas regiões seriam afetadas pela doença do esquecimento. O que se viu de diferente, no entanto, foi apenas uma atividade maior em uma estrutura chamada giro cingulado anterior, o que não explica os motivos pelos quais os pacientes recordam músicas quando já se esqueceram de quase tudo.

No final das contas, parece ser a emoção que faz diferença. Afinal, as lembranças mais duradouras são aquelas ligadas às experiências emocionais intensas. Seguindo a mesma linha de raciocínio, alguns especialistas acreditam que a audição é o primeiro sentido a se desenvolver pouco antes do nascimento, pois o bebê identificaria, ainda no útero, a voz da mãe.

Outro estudo avaliou como a música pode conter a ansiedade. Na pesquisa feita pela Escola de Enfermagem de Ribeirão Preto da Universidade de São Paulo, 55 pacientes com insuficiência renal ouviram pelo menos meia hora de música de sua preferência durante a sessão de hemodiálise (filtragem mecânica do sangue). O resultado foi uma redução significativa da ansiedade durante o procedimento. Cada sessão dura cerca de quatro horas, e tudo que puder aumentar o conforto é extremamente desejável.

Mais algumas evidências, como gostam de dizer os pesquisadores, de que o som age de fato no organismo estão surgindo com o uso de aparelhos de imagem para estudar as áreas cerebrais ativadas pelos estímulos musicais. Daniel Levitin, renomado neurocientista da McGill University, no Canadá, realizou uma experiência desse gênero com o músico e compositor inglês Sting. Disposto a ajudar a ciência, o astro inglês aceitou o convite para ouvir música monitorado por um aparelho de ressonância magnética. Enquanto o astro escutava uma de suas músicas favoritas, os aparelhos mostraram uma grande ativação de centros cerebrais associados ao movimento, memória, motricidade, emoções, linguagem, sensações e cognição. Não é sensacional imaginar que apenas uns poucos segundos de música – um logo sonoro, por exemplo – despertam essa cascata de atividades cerebrais?

OUVIR MÚSICA MASSAGEIA E ATIVA O CÉREBRO
Uma das hipóteses dos cientistas para explicar por que gostamos de uma música e não de outra é a existência de alguns modelos sonoros trazidos da infância. Por volta dos 5 anos de idade, as crianças já conseguiriam identificar alguns padrões musicais comuns em sua cultura (melodias, timbres, harmonias). Ao longo da vida, quando ouvimos uma música cuja estrutura nos remeta a esses padrões, rapidamente não só passamos a gostar como podemos nunca mais esquecer o que ouvimos agora.

A relação humana com os sons passa também por canais sutis, como mostra o autor Masaru Emoto em sua obra *As mensagens da água* (Ed. Isis, 2004). Ele registrou pacientemente as mudanças na aparência das moléculas de água expostas a sons tristes, estressantes, alegres e música clássica. A tese é de que as ondas sonoras induzem uma resposta física das moléculas de água. São imagens incríveis que fazem pensar: se a água representa

70% da composição do corpo humano, pode ser que realmente o impacto das ondas sonoras vá muito, muito além da audição. Evidentemente, esse trabalho foi muito questionado por uns e exaltado por outros.

Outra linha de investigação sobre o impacto do som nas nossas vidas estuda a sua capacidade de intervir no comportamento. Em um estudo interessante, o professor de psicologia Adrian North, ligado à Universidade Curtin, na Austrália, documentou esse tipo de resposta. Ele queria saber se mudanças na trilha sonora provocariam alterações nas escolhas dos consumidores de vinho em um supermercado. A resposta é sim. Nos dias em que se ouviu música francesa, 77% das garrafas de vinho vendidas eram de procedência francesa. Já no período em que se ouviu música alemã, prevaleceram os vinhos alemães, com 73% das vendas.

E não é por acaso que a rede McDonald's usa música com ritmo mais rápido – para acelerar o comportamento das pessoas e assim aumentar seu tíquete médio.

O som é um transmissor implacável de emoções, daí sua grande capacidade de mobilizar as massas. Qual outra arte é capaz de arrebatar multidões, como se viu no festival de Woodstock e, nos dias de hoje, nos bailes funk e no Rock in Rio? Ele pode se tornar uma grande âncora da personalidade, em que o adolescente busca inspiração para o seu jeito de falar, de se vestir, de se comportar e até mesmo de pensar.

O SEGREDO DO VOLUME
Dada a importância do som nas nossas vidas, é curioso que se fale tão pouco sobre as suas qualidades. Estou segura de que somos o que ouvimos, da mesma forma que os nutricionistas e cardiologistas dizem que somos o que comemos. Pelo bem e pelo mal. Assim como existe o impacto positivo, há também efeitos negativos e indesejados, porém reais. Esse aspecto ganha projeção se considerarmos a expansão da poluição sonora e dos aparelhos de MP3, que permitem ouvir música em volume bastante alto o dia todo, se a pessoa quiser.

Qual é a linha divisória entre o som que beneficia e o ruído que prejudica?

Conforme a Organização Mundial da Saúde, durante o dia, o conjunto dos ruídos deve se manter abaixo dos 55 decibéis (dB) para não agredir a audição e prevenir todos os efeitos negativos associados ao excesso. Entre eles, o prejuízo ao humor, dificuldade de concentração e maior cansaço. De noite, o limite deve baixar para 40 decibéis.

A gama de alterações derivada da exposição excessiva ao som é vasta. Para se ter uma ideia de quanto nossa saúde auditiva é desafiada diariamente, um liquidificador ligado a um metro do corpo atinge a faixa dos 80 decibéis, marca que, por sua vez, é semelhante à do trânsito de cidades como São Paulo, Belo Horizonte e Salvador.

À noite, o barulho se torna ainda mais insidioso. A exposição constante a ruídos acima de 65 decibéis, por exemplo, afeta o sono profundo e recuperador. De dia, por culpa do descanso interrompido, as pessoas expostas ao ruído noturno são presas fáceis da irritação e da fadiga e sofrem até 66% de perda de produtividade no trabalho e de criatividade, de acordo com o professor australiano Adrian North.

Outro efeito perverso foi detectado por especialistas da Environmental Burden of Disease (EBD), entidade ligada à Organização Mundial da Saúde. Em 2007, eles concluíram que a poluição sonora era responsável por mais mortes associadas às doenças do coração do que se pensava. A partir de então, o ruído passou a ser considerado ameaça à saúde, por influenciar diretamente o organismo humano, causando alterações nos sistemas imunológico, cardiovascular e endócrino.

Há indicações de que até o desenvolvimento das crianças pode ser afetado pelo excesso de ruído. Musicoterapeutas afirmam que bebês que vivem em lares barulhentos podem sofrer um atraso no desenvolvimento da fala e de atividades motoras. Embora ainda não tenhamos dados sobre as consequências do ruído na geração dos tocadores individuais de áudio, podemos sem dúvida alguma esperar sequelas.

O resultado dos abusos sonoros tende a se agravar cada vez mais por causa da disseminação acelerada de dispositivos móveis, tocadores de MP3, tablets e outras plataformas que levam os sons aonde você estiver. Aí mora um grande perigo. Estudo feito pela Universidade do Colorado em parceria com o Children's Hospital, nos Estados Unidos, mostrou que ouvir música a 80% do volume máximo em dispositivos de música por mais de 90 minutos por dia produz lesões no ouvido interno. Com o tempo, os danos podem resultar no aparecimento de zumbidos e levar a limitações auditivas para sons mais agudos.

O mesmo estudo sugeriu limites para ouvir música todo dia sem danificar os ouvidos. Em média, o modo mais seguro é regular o som a 60% do volume total do aparelho por 60 minutos. Quem deseja maior potência sonora pode fazê-lo a 70% do volume máximo por até quatro horas e meia por dia sem elevar demasiadamente os riscos para a audição. Porém, não se deve ultrapassar 90 minutos com volume a 80% do máximo. Enfim, os fones de ouvido podem ajudar de fato se o volume for bem controlado. Você precisa ouvir o que está acontecendo do lado de fora para se manter no limite saudável para sua audição. Caso contrário, aumentam os riscos de perda auditiva. Com fones, a tolerância ao som é maior, bem como os abusos. Mas você também pode, em casos de barulho extremo, usar protetores auriculares. É o que eu faço diariamente. ◆

89

5>
QUATORZE
BONS
CONSELHOS

Responda rápido: o que a Coca-Cola vendia no passado e o que ela vende hoje? Antes, era refrigerante. Hoje é felicidade. O Sound Branding é um veículo para essa nova realidade.

No mundo e no país, as empresas percebem no Sound Branding um meio eficaz para responder a uma demanda emergente: a necessidade de renovar o interesse dos públicos pela marca. Por isso, muitas produtoras de som também estão se reposicionando em busca de espaço nesse mercado em expansão. No entanto, a esta altura, você já compreendeu bem que existe um abismo entre uma trilha sonora, ainda que ela seja excelente, e o processo de construção da identidade sonora de uma marca.

Os propósitos da trilha sonora e do Sound Branding são profundamente diferentes. Confundi-los é como ver um gato-do-mato e anunciar uma onça-pintada. O gato selvagem, como também é chamado, mede cerca de 50 centímetros e se alimenta de pequenos animais e insetos. A onça-pintada (jaguar ou jaguaretê) pode ter até 2,10 metros, está no topo da cadeia alimentar da Mata Atlântica e é o símbolo da fauna brasileira – e, diga-se, ambos estão ameaçados de extinção.

Enfim, pesquisa e experiência me mostraram que é importante seguir algumas regras na criação e aplicação do recurso para explorá-lo em seu máximo potencial. Adotar as recomendações seguintes, a meu ver, colabora para o fortalecimento da categoria.

1. GENTE QUE FAZ

A criação de uma identidade sonora eficiente depende do conhecimento das informações estratégicas sobre a marca. Para obtê-las, é fundamental ter um bom domínio das técnicas de Branding. A liderança de todo esse processo deve ser feita por especialistas em Sound Branding, de forma que o resultado seja capaz de impactar a marca de modo amplo e profundo.

Uma boa equipe de Sound Branding é composta por profissionais de Branding, conteúdo e especialistas em planejamento. Além, é claro, de criativos da música. Essas pessoas devem entender de construção de marca, ter capacidade de captar e formalizar conceitos e, sinceramente, gostar das dinâmicas colaborativas de grupo.

2. VOCÊ DECIDE

Um projeto de marca sério precisa do comprometimento do presidente da empresa e de diretores e administradores da marca que possam responder e decidir diretamente.

Um grupo de trabalho multidisciplinar é rico para o processo. Nessa etapa de estudo, é essencial garantir a presença dessas pessoas que decidem e de líderes de áreas estratégicas como produto, marketing, comercial e parceiros de comunicação que estarão envolvidos no dia a dia da implementação do Sound Branding.

Dessa forma, o resultado estará alinhado às expectativas de todos. Se o projeto garantir a participação de pessoas-chave de diversas áreas, pertencerá a toda a empresa, e não a uma área específica. Além disso, a aprovação e a divulgação do projeto se iniciam nessa fase de forma espontânea.

3. DJ POR UM DIA

A etapa de estudo do Sound Branding usa ferramentas semelhantes às de processo de branding e construção de identidade de marca. Porém, as referências usadas são sonoras.

Sim, vamos ouvir sons, ritmos, acordes e instrumentos para comentá-los juntos. A finalidade é estimular a sensibilidade e a memória, relembrar conceitos e ajudar os indivíduos a expressarem o que entendem e sentem sobre sons e ritmos relacionados à marca. Dessa forma estarão todos na mesma sintonia para gerar o DNA sonoro da marca.

4. DIAPASÃO

O conjunto dos dados obtidos nesse levantamento precisa ser suficiente para que se possam estabelecer diretrizes claras na etapa de criação. É desse encontro que sairão as pistas de timbres da voz, instrumentos, estilos musicais, climas, ritmo do tema musical e do logo sonoro, palavras fundamentais, tom verbal e outras definições que irão nortear os criativos no momento de compor o som da marca.

5. QUALIDADE PREMIUM

A produção musical do tema deve perseguir os padrões dos álbuns de um grande artista, com o cuidado técnico que cerca uma obra impecável.

Como estamos falando de uma música criada para acompanhar a marca no tempo – e não de uma trilha de publicidade que poderá ficar entre 2 e 12 meses no ar –, ela deve primar pela qualidade e relevância musical. Requer um arranjo musical bem-feito e executado por bons músicos e produtores.

6. EFICIÊNCIA NO FORMATO

Atenção: a experiência continuamente comprova que frases musicais mais curtas têm impacto melhor e se ajustam mais facilmente aos filmes e spots por causa das limitações de tempo na veiculação. O logo sonoro deve ser sucinto, ter uma mensagem breve e certeira.

7. HONESTIDADE

A voz da marca não deve ser escolhida entre os locutores conhecidos da publicidade. Minha sugestão é que seja buscada em outras áreas criativas, em um casting mais abrangente.

Sou bastante reticente quanto a usar celebridades na comunicação. Um dos motivos é que a celebridade traz consigo sua fama, que, se for muito forte, se sobrepõe aos objetivos de construção da marca.

Para o Sound Branding, não basta que o locutor possua um bom timbre e capacidade de interpretar um texto. Nesse tipo de abordagem, existe uma necessidade imperiosa de que, por trás da voz, esteja um indivíduo que personalize e vivencie os atributos definidos pelo grupo de trabalho. Assim, o que a voz dele emanar estará repleto de uma sinceridade extensiva à marca.

8. MAKING OF

Sempre que possível, documente seu processo de criação em vídeo. Não perca essa oportunidade, pois esse registro poderá se converter, posteriormente, em um bom material de divulgação do trabalho.

9. APLICAÇÕES

Manifesto sonoro? Logo sonoro? Tom verbal? Playlist? Você pode explicar bastante, mas nem sempre o cliente consegue entender todas as aplicações do Sound Branding em uma apresentação. No dia da entrega, vale a pena demonstrar suas aplicações em filme, spot ou espera telefônica.

10. ESPALHE A MENSAGEM!

Os resultados de projetos de marca aparecem com o tempo e dependem das conexões que a marca estabelece com os seus públicos. Portanto, depois da criação de algo sensível, bonito e pertinente, vem uma nova etapa a ser vencida com igual empenho: a popularização do Sound Branding para a comunidade da marca, dentro e fora da empresa.

Para tanto, devem-se criar ações e oportunidades para que todos sejam informados das aplicações e do potencial do Sound Branding. A comunidade da marca precisa se identificar com o novo recurso e lidar com ele no seu cotidiano, como faz com a identidade visual.

11. MEÇA AS MUDANÇAS

As pessoas nem sempre sabem o que sentem ou por que reagem de determinada maneira. Mas com instrumentos adequados de medição e pesquisa e com os estímulos sonoros certos, é possível capturar algumas dessas percepções.

Diante da sutileza desse processo, é fundamental que a equipe de Sound Branding e seus parceiros na área de pesquisa pensem, desde o começo do projeto, em meios de mensurar o impacto produzido nos públicos pela nova vida sonora da marca.

12. A SABEDORIA MORA NOS DETALHES

Não meça esforços para conduzir o melhor projeto de Branding, para fazer a melhor música com os melhores músicos e produtores. Filme da melhor maneira possível, cuide da apresentação, dos textos, de todos os detalhes. Não deixe passar nada, pois, quando falamos de criação, tudo aparece.

Seja abundante e crie o melhor projeto do mundo. Daqui a algum tempo, você poderá olhar para trás e ver que o case deixou marcas positivas no mercado e no mundo.

Não se esqueça de que o Sound Branding é uma categoria em formação e ainda precisa provar seus benefícios. Você, que atua na área, tem responsabilidade nisso.

13. NÃO ABRACE O MUNDO. HÁ LUGAR PARA TODOS

Trabalhe em projetos nos quais você acredita, marcas que possuam serviços ou produtos com os quais você se identifica.

Encontre sua tribo e as pessoas que estão em sintonia com você. Afinal de contas, tudo no Sound Branding gira em torno da música e das sensações e emoções que se quer proporcionar aos outros.

Conduza o trabalho com sinceridade, de maneira leve, serena e divertida. As pessoas precisam ficar à vontade e se divertir ao longo do projeto. Bem-estar faz diferença!

14. EXPERIÊNCIA PODEROSA

É fato consumado: as marcas estão sonorizando o mundo o tempo todo e têm papel relevante na criação da paisagem sonora dos ambientes. Como gerenciar esse poder?

Não tem sentido uma marca promover o estresse e experiências negativas. Se a curto prazo essa prática pode alavancar os números, a meu ver, não se justifica eticamente.

O retorno financeiro pode ser consequência de escolhas inteligentes, maduras, de longo prazo e direcionadas à construção de uma marca sólida. Ter uma condução cuidadosa de Branding, de comunicação, escolher e desenhar memórias auditivas positivas no imaginário dos públicos é a melhor estratégia para a marca conquistar espaço e se manter viva e atuante ao longo do tempo. ◇

97

6›
NOSSO FUTURO SONORO

Caminhabilidade. Já ouviu falar disso? É uma palavra que soa estranha, convenhamos. Depois de ouvi-la pela primeira vez, fui buscar seu sentido nos dicionários on-line, mais atualizados. Encontrei na rede inúmeros artigos, alguns deles publicados em revistas científicas, explicando do que se trata. Caminhabilidade (*walkability,* no original em inglês) é a facilidade e a disposição que as pessoas teriam para andar.

A caminhabilidade de uma área pode ser melhorada por uma boa iluminação, áreas verdes e outros equipamentos urbanos, pavimentação, comércio, cuidados com a limpeza, uma boa paisagem sonora e com acessibilidade, entre outros itens. Porém, um dos grandes vilões da caminhabilidade é a poluição sonora, ainda que o nível de preocupação com o seu controle varie em cada país.

Na Comunidade Europeia, por exemplo, a questão está no radar das organizações sociais, do governo e dos parlamentares. Ali, diversos países avançam na criação de mapas de ruído para quantificar o barulho e a exposição das populações de determinadas áreas. A ferramenta se destina a fazer um diagnóstico que ajude a elaborar ações de redução do barulho e seu impacto e também subsidie o debate de soluções.

Na falta de *guidelines* globais, os países e os cidadãos procuram meios de enfrentar seus contratempos sonoros. No Japão, até o mais desatento dos turistas vai notar imediatamente que o silêncio impera nos trens do metrô. Japoneses de todas as idades e com todas as cores de cabelo que você pode imaginar viajam quietos ou falam muito baixo, apenas o necessário. Ficou convencionado entre eles que falar alto ou manter conversas animadas perturba o coletivo e é um sinal de má educação e desprezo pelos outros. Quem fala alto, logo se percebe, são os turistas. Na Dinamarca, mesmo em horário de pico, fala-se baixo dentro dos transportes coletivos.

Aqui no Brasil, por questões culturais, o silêncio cultivado pelos japoneses no metrô provavelmente seria interpretado como mais um problema em vez de solução. Apesar de cansados, os usuários brasileiros preferem um bom papo a cumprir quietos os seus longos percursos nos trens apinhados de gente.

Na esfera legal, o país tem dispositivos como o Estatuto da Cidade, que aborda a poluição sonora, e resoluções como as que criaram o Programa de Silêncio Urbano e o Selo Ruído, além de normas técnicas. São feitos também alguns mapas de ruídos em universidades e estudos sobre cidades e regiões de risco sonoro. Entretanto, a questão só ganhará a relevância e a projeção merecidas quando os brasileiros tiverem maior consciência dos danos imputados pelo barulho à saúde geral, como descrevemos no Capítulo 6.

Na prática, os ruídos que nós mesmos geramos podem ser tão invasivos como aqueles que vêm de máquinas ou buzinas. Se cada um de nós é um grande emissor de ruídos, como podemos nos tornar defensores de uma paisagem sonora que promova o bem-estar?

A verdade é que raramente damos atenção aos sons que nos rodeiam e à forma como podem nos afetar.

Curiosamente, uma boa parte da nossa exposição à poluição sonora se dá de modo inteiramente voluntário, em casa ou no trabalho. Como? Sobrepondo ruídos. É o que pode acontecer quando ligamos ao mesmo tempo a televisão, a máquina de lavar roupa, o ventilador ou aspirador, o liquidificador e falamos ao telefone.

Uma vez identificado o mecanismo que leva ao erro, é preciso mudar a rotina e gerenciar os sons para diminuir a quantidade de barulho, poupando a nós e ao meio dos seus efeitos.

A mudança pode se dar a partir da nossa revolução pessoal, do nosso próprio som e da paisagem sonora que produzimos à nossa volta. Conforme formos percebendo os grandes benefícios dessas mudanças, naturalmente vamos absorver esse novo modo de operação e, consequememente, influenciar os outros.

Aqui vão algumas dicas práticas para você dar início ao seu movimento de maneira que sua contribuição seja benéfica e traga resultados significativos em todos os campos da vida.

SOUND BRANDING PESSOAL

VOZ DA SUA MARCA
A voz é, sem dúvida, o seu Sound Branding único e intransferível. Ninguém mais no mundo tem o seu timbre, e isso pode ser trabalhado de maneira que você possa criar uma espécie de marca registrada e usá-la a seu favor. Como? Afinando seu instrumento – seus ouvidos, sua voz, sua linguagem e os sons que o corpo produz – para que você possa transmitir com clareza o que quer comunicar.

Primeiro é preciso afinar a escuta. Observe as pessoas. Elas deixam entrever quem elas são, o que estão sentindo e seu estado de espírito através do som da sua voz, da comunicação, dos gestos.

Notou que a maioria das pessoas tem muita dificuldade de ouvir? Aprender a escutar é pré-requisito para a transformação. Pré-requisito para que a comunicação e o entendimento aconteçam.

Observando e tentando decifrar o código sonoro do outro, vai ficar mais fácil começar a escutar a si mesmo.

Há alguns pontos a serem observados. Uma pessoa com a voz estridente e fala rápida está ansiosa, tensa. Já alguém que fala muito baixo, exigindo esforço para ser entendido, provavelmente é tímido ou pouco vigoroso nesse momento. E quem mantém a voz empostada e usa uma linguagem rebuscada? Muitas vezes, é um artifício para desviar a atenção do assunto ou disfarçar a insegurança. Vide o tom de voz de muitos políticos.

Depois disso, tente perceber como está a sua própria comunicação, observe como os seus sentimentos estão interferindo no que você está dizendo. Você pode pedir aos amigos que o observem e descrevam como eles se sentem ao estarem expostos ao seu som. Com base nessa observação, faça ajustes, investigue novas formas e pratique a escuta.

Entre duas ou mais pessoas, a comunicação envolve três estímulos básicos diferentes: o significado, o som e a emanação.

Saiba que o seu tom de voz exerce uma grande influência na maneira como as pessoas recebem o que você diz. Você pode falar a mesma coisa com um tom de voz diferente e transformar totalmente o significado da sua mensagem. Portanto, o significado pode se perder ou ficar totalmente modificado pelo som que emprestamos às palavras. Nesse caso, o significado é manipulado pelo som e passa a ter mais ou menos relevância.

Existe ainda outro fator bem mais sutil e não por isso menos importante: a intenção que está por trás da voz e do significado. Aprendi que se você deseja criticar uma pessoa, mas em vez disso a elogia, essa tensão de alguma forma aparece. Acredite. Bons ouvidos conseguem discernir. Se o interlocutor tiver um mínimo de treinamento e percepção aguçada, irá notar que a sua fala não é completamente sincera e que há algo errado.

Aqui estão três dicas para que seu Sound Branding pessoal esteja integrado ao significado, som e emanação de suas mensagens, para que dessa forma você seja percebido do modo desejado.

1. Significado
Certifique-se de que o seu conteúdo está claro para você mesmo e está alinhado com aquilo em que você acredita. Pense sempre de maneira positiva, pois isso deixa o interlocutor mais disponível. Não adianta nenhum recurso sonoro, por mais moderno que seja, se seu texto for frágil. É preciso estar seguro sobre o que quer dizer para que a sua voz dê sustentação às suas ideias.

2. Tom de voz
Busque seus tons mais graves, leves, calmos. As frequências mais graves da voz são mais confortáveis e apaziguadoras aos ouvidos humanos. Lembre-se sempre de respirar entre uma frase e outra, pois a voz fica naturalmente mais aguda quando estamos mais agitados. O mundo está louco e acelerado, e as pessoas gostam de estar perto de quem as acalma.

Devido à perda auditiva acentuada, à poluição sonora, por um hábito familiar ou ainda simplesmente para impor as próprias ideias, muitas pessoas têm o hábito de falar bem mais alto do que o necessário. Essa é uma das fórmulas mais eficazes para colocar seu interlocutor pra correr. Além disso, é muito importante que você se mantenha espontâneo. Não tente ser quem você não é. Gente mais atenta não acredita em quem não se mostra.

3. Emanação
Além do significado e do som do que você está dizendo, há mais uma sutileza na comunicação entre duas pessoas que deve ser considerada: aquilo em que você realmente acredita e que fica impregnado nas suas palavras. Isso quer dizer que, se você não confia na mensagem ou discorda dela, não seja seu portador – ainda que você escolha as melhores palavras e treine o tom de voz,

sua discordância estará presente na comunicação com o outro. Ela emana do seu discurso de forma sutil e constante. Como diz Milton Nascimento na canção "Meu Menino", nada se esconde. Por isso, seja 100% sincero e mantenha-se alinhado com as suas crenças para garantir que o seu discurso seja verdadeiro, convincente e mobilizador.

CONHEÇA O SOUND DESIGN

Dentro das ferramentas do Sound Branding pessoal está a caixa do sound design. Os sons que compõem o nosso mundo, do zumbido da TV ao latido do cachorro do vizinho. Paisagem e poluição sonora.

Além de cuidar do som da sua voz, você pode providenciar um sound design mais saudável. Aqui vão algumas dicas de como manter seu mundo afinado:

1. Poluição sonora

O homem do passado era capaz de ouvir a quilômetros de distância. O homem do presente reduziu sua capacidade auditiva em 30% e a população na terceira idade apresenta perda auditiva de até 63%. Onde isso vai parar?

Reclame no cinema, no show, na peça se o volume estiver acima do razoável. Solicite delicadamente às pessoas que falem mais baixo ao telefone, dê um descanso à buzina e manifeste-se quando alguém gritar para chamar a atenção de uma pessoa que está distante.

Você pode monitorar seu ambiente sonoro com seu smartphone. Há uma série de aplicativos capazes de medir os decibéis do local onde você se encontra. O aparelho real se chama decibelímetro, e os aplicativos podem ser encontrados com o mesmo nome. Você pode medir, com um nível maior ou menor de precisão, os níveis de volume dos ambientes. Se durante o dia estiver acima dos 65 decibéis e de noite, na hora de dormir, acima de 40 decibéis, já pode colocar seus protetores auriculares e incentivar todos a fazerem o mesmo.

2. Paisagem sonora

A escolha dos lugares que você frequenta deve passar por um crivo sonoro.

Pergunte-se sempre se o som do lugar é digno da sua presença. Não se submeta à violência da histeria coletiva, pois ela desafina você tanto quanto as vozes dos bares e restaurantes por aí.

Parques, praças, cidades atentas à qualidade auditiva, bares e restaurantes que tenham absorvedores de ruído – uma espécie de tapete no teto e outras engenhocas –, marcas que têm o cuidado de produzir equipamentos domésticos e carros mais silenciosos são as escolhas mais adequadas.

3. Music Branding
A música pode incrementar o volume de ruídos no ambiente ou transformar a qualidade dos seus momentos e acalmar, emocionar e simplesmente fazer você mais feliz.

Cuidado redobrado com o que você escuta ao acordar! É um momento delicado que pode influenciar seu humor pelo resto do dia.

Como reagimos de modo completamente diferente a estilos diferentes, não ouso sugerir estilos musicais. Descubra sua playlist para atingir o resultado que deseja para cada momento.

Recapitulando, a voz da sua marca, o Sound Design e o seu Music Branding são os três pilares do Sound Branding pessoal que pode ser a sua ferramenta de transformação portátil, a do seu ambiente e, quem sabe, a do seu vizinho.

FUTURO
Depois de todas essas mudanças de paradigmas, você notará uma diferença significativa na sua vida. Irá se sentir mais feliz, mais calmo e mais no controle das suas próprias experiências.

Vamos passar essa mensagem para a frente para que mais pessoas possam se beneficiar e reduzir a própria emissão de ruídos. Está mais do que na hora de tentarmos mudar, ou pelo menos melhorar, o nosso ambiente sonoro individual. Se exigirmos mudanças, a indústria será obrigada a evoluir seus padrões de engenharia e colocar o fator barulho na sua lista de prioridades.

VOCÊ PODE ESCOLHER MIXAR OS SONS DO SEU MUNDO!

NOSSO FUTURO SONORO ➤ A VIDA SONORA DAS MARCAS

Fazemos parte de uma rede, e, quando um fio se desconecta, todos os outros de alguma forma precisam se readequar. O que quero dizer é que, à medida que mais e mais pessoas reeducarem a sua voz, passarem a escolher os sons e a música que compõem o ambiente delas, mais pessoas serão impactadas por tabela. Esse movimento espontâneo e coletivo tem o potencial de mudar o mundo.

A partir da revolução dos códigos sonoros de cada um, consigo imaginar cenários futuros muito otimistas. Afinal, isso é parte do meu trabalho e acredito na força magnética do significado, do som e da emanação das palavras. Elas têm a força de mudar o que vivemos, e como se ouve por aí: sonhos tornam-se realidade! Por isso, aqui vão alguns cenários futuros que imagino e desejo profundamente.

No futuro, o índice de caminhabilidade vai aumentar sensivelmente, vamos trafegar nas cidades confortavelmente.

Os motores silenciosos e paisagens sonoras naturais criadas para várias áreas das cidades irão trazer a dimensão da natureza para as nossas experiências.

Esse estado de relaxamento vai diminuir radicalmente os índices de violência. Muito mais pessoas terão a capacidade de ouvir, e a comunicação e o entendimento serão muito facilitados por essa prática.

Assim como cuidamos do nosso bem-estar, nas atividades físicas, alimentação, no que vemos, a paisagem sonora e a música serão ingredientes imprescindíveis nesse conjunto de recursos.

No futuro, vamos manter as taxas de decibéis controladas por decibelímetros e medir a pressão sonora no trabalho, em casa e nas ruas.

Teremos, além de boa música, um kit de paisagens sonoras originais, sons da natureza que serão largamente criados e disponibilizados para que possamos construir zonas de conforto auditivo capazes de aumentar a nossa sensação de prazer.

Na escolha de compra, vamos eleger produtos mais silenciosos, com algum tipo de selo de qualidade antirruído. Seremos mais críticos e dessa forma a indústria terá de se adequar às novas necessidades dos públicos. A música voltará a ser obrigatória na formação das crianças, pois as descobertas recentes irão comprovar os benefícios dela na formação das atividades cerebrais e humanas.

Steven Halpern, músico e autor do livro *Som, saúde, magnetismo e força*, disse que os ferimentos podem cicatrizar três vezes mais rápido quando expostos a ondas sonoras. O som desempenhará um papel fundamental na cura. Para que o silêncio não entre em extinção, será reconhecido como um bem extremamente valioso a ser bem cuidado. Haverá áreas silenciosas e verdes nas cidades, que serão tombadas como patrimônio da humanidade. E assim o silêncio será preservado.

PAISAGEM SONORA ORIGINAL

O silêncio e as mais belas paisagens sonoras moram dentro das florestas, campos e bosques. Quanto mais distante das cidades, como as conhecemos hoje, maior a qualidade auditiva.

A natureza é exemplo de convivência, comunidade, é onde temos muitos dos nossos insights, intuições, onde relaxamos e onde questões muito complexas parecem simples. Tudo nela é mais bonito, as formas, texturas, cheiros, cores, luz. Não há como reproduzir artificialmente o conjunto dessas experiências e por isso os artistas continuam se inspirando nela. Da mesma forma, podemos nos inspirar no som da natureza, o mais perfeito de todos, que povoa a Terra desde sempre, independentemente da nossa presença.

Esse som deve ser multiplicado e ressoar pelas cidades, inspirar nosso jeito de falar, de perceber e de nos relacionarmos. Enquanto as cidades procuram seu ponto de mutação, podemos sempre nos refugiar nesses paraísos sonoros. Como anunciei no começo do livro, agora você está pronto para ouvir o mundo de um jeito que nunca parou para ouvir antes.

OBRIGADA POR ME OUVIR ATÉ AQUI. SE VOCÊ ESTIVER AÍ, NO FUTURO, LENDO ESTE LIVRO, É UM SINAL DE QUE DEU TUDO CERTO.

Visite e conheça estes e outros lançamentos
www.matrixeditora.com.br

Olhar feminino
Neste livro, o publicitário Ricardo Lordes conta como criou campanhas para Natura, Roche, Contigo, Bosch e Continental, entre outros anunciantes. Campanhas que fizeram sucesso com as mulheres. Ideias que podem inspirar diversas pessoas a conduzirem melhor seus negócios para esse e outros públicos.

A trajetória de um publicitário comum
Este livro nasceu dos anos de trabalho do autor como professor, palestrante e dirigente associativo empenhado na qualificação dos publicitários e na valorização dos estudantes de publicidade.

A ideia é provar que há espaço para os bons profissionais, éticos e talentosos, independentemente de atuarem nos grandes centros.

A obra vem ocupar um espaço na literatura especializada em comunicação, que não produz textos dedicados ao começo da vida profissional do publicitário. Ela aborda assuntos do dia a dia que não estão presentes em outras publicações, tais como o modelo de negócio da propaganda brasileira e formas de remuneração, tudo isso inserido em uma narrativa que procura desconstruir os mitos da atividade.

Clássicos de mim mesmo
O humor é característica marcante de Carlos Castelo. Presença diária imperdível com seus textos divertidos na internet, jornais e blogs, ele agora preparou este divertido livro de crônicas. Uma obra para rir com o cérebro, com a boca, com o corpo inteiro. Porque ele sabe ser inteligente, instigador e provocador. Como todo bom texto de humor precisa ser. Boas risadas!

Coaching da criatividade
Neste livro em forma de caixa estão 100 questões que levarão você a transcender o pensamento sobre o que significa ser criativo. É um convite a desafiar-se para desenvolver seu EU CRIATIVO e atingir o seu máximo potencial como ser humano integral. Amplie suas habilidades, quebre paradigmas e esteja pronto para as oportunidades que a vida tem a lhe oferecer.

facebook.com/MatrixEditora